辽宁长城文创的实践与创新

LIAONING CHANGCHENG WENCHUANG
DE SHIJIAN YU CHUANGXIN

王 莹

汪睿琦

著

辽宁人民出版社

图书在版编目（CIP）数据

辽宁长城文创的实践与创新 / 王莹 , 汪睿琦著 . ——
沈阳：辽宁人民出版社，2023.10
　（长城文化在辽宁）
ISBN 978-7-205-10934-9

Ⅰ . ①辽…　Ⅱ . ①王…②汪…　Ⅲ . ①长城－文化遗
产－研究－辽宁　Ⅳ . ① K928.77

中国国家版本馆 CIP 数据核字（2023）第 210275 号

出版发行：辽宁人民出版社
　　　　　地址：沈阳市和平区十一纬路 25 号　邮编：110003
　　　　　电话：024-23284321（邮　购）　024-23284324（发行部）
　　　　　传真：024-23284191（发行部）　024-23284304（办公室）
　　　　　http：//www.lnpph.com.cn
印　　刷：沈阳百江印刷有限公司
幅面尺寸：185mm×260mm
印　　张：18
字　　数：270 千字
出版时间：2023 年 10 月第 1 版
印刷时间：2023 年 10 月第 1 次印刷
责任编辑：李翘楚
装帧设计：留白文化
责任校对：吴艳杰
书　　号：ISBN 978-7-205-10934-9
定　　价：98.00 元

总

general order

序

党的十八大以来，习近平总书记高度重视长城文化保护传承弘扬工作，多次发表重要讲话并作出重要指示。习近平总书记深刻指出，"当今世界，人们提起中国，就会想起万里长城；提起中华文明，也会想起万里长城。长城、长江、黄河等都是中华民族的重要象征，是中华民族精神的重要标志。我们一定要重视历史文化保护传承，保护好中华民族精神生生不息的根脉"。"长城凝聚了中华民族自强不息的奋斗精神和众志成城、坚韧不屈的爱国情怀，已经成为中华民族的代表性符号和中华文明的重要象征。要做好长城文化价值发掘和文物遗产传承保护工作，弘扬民族精神，为实现中华民族伟大复兴的中国梦凝聚起磅礴力量"。习近平总书记的重要指示，思想深邃、内涵丰富，为我们做好长城文化保护、传承、弘扬工作提供了根本遵循，指明了前进方向。 建设长城国家文化公园，是以习近平同志为核心的党中央作出的重大决策部署，是推动新时代文化繁荣发展的重大文化工程，也是保护、传承、弘扬长城文化的创新之举。

辽宁长城资源丰富，现存战国（燕）、秦、汉、辽、明五个时代的遗存，全长约 2350 千米，绵延分布于全省 13 个市。长城国家文化公园（辽宁段）建设，是辽宁省深入贯彻落实党的二十大精神的一项重要工作，是辽宁省"十四五"时期深入推进的重大文化工程，是辽宁省文化事业发展的一件大事。省委、省政府高度重视这项工作，部署发布《长城国家文化公园（辽宁段）建设保护规划》；实施保护传承、研究发掘、环境配套、文旅融合、数字再现五大基础工程；要求坚持保护优先，遵循文物保护规律，确保长城资源及其环境背景得到有效保护；注重工作统筹，把长城保护与环境配套、文旅融合、数字赋能结合起来；加强组织领导和政策保障，注重点面结合，确保长城国家文化公园（辽宁段）各项建设任务落到实处。

长城国家文化公园一个重要功能，就是把文物古迹、历史遗存中蕴含的思想理念、人文精神，生动形象地展现在人民群众面前，让人民群众了解长城文化、感受长城精神，让人民群众在参观游览过程中，潜移默化地接受中华传统文化教育。辽宁省在实施研究挖掘工程中，明确把长城文化和长城精神研究发掘作为一项重要任务，认为这是一切保护、展示和利用工作的支撑和基础，应加强长城辽宁段文物研究、文化发掘和传承弘扬。

在辽宁省长城国家文化公园建设工作领导小组统筹部署下，积极参与辽宁各地梳理长城文化资源，加强历史文化研究，努力形成一批专著、论文、研究报告等成果。本丛书就是落实这一举措的重要成果。希望这些成果能够有力推动全省上下积极关注和支持长城国家文化公园（辽宁段）建设，形成长城文化发展更为广泛的共识，推动更多人一起致力保护好中华民族精神生生不息的根脉，为辽宁振兴发展乃至中华民族伟大复兴提供不竭的精神力量。

序言
preface

习近平总书记曾多次强调，"讲好中国故事，传播好中国声音，展示真实、立体、全面的中国，是加强我国国际传播能力建设的重要任务"。长城凝结着中国古代劳动人民的心血和智慧，积淀着中华文明博大精深、灿烂辉煌的文化内涵，体现着中华民族的精神品质和价值追求，是中华民族的精神象征。创新地讲好长城故事是展示良好国家形象的重要途径。2019年12月5日，中共中央办公厅、国务院办公厅印发了《长城、大运河、长征国家文化公园建设方案》。国家文化公园是国家推进实施的重大文化工程，目的是进一步彰显文化自信和民族自信，带动长城沿线经济发展。[1]根据国家文物局《中国长城保护报告》，长城辽宁段资源点段认定数量位居长城沿线15个省（自治区、直辖市）中第五位，规模庞大。截至2023年8月，丹东段、绥中段、兴城段、建平段、锦州段5个辽宁省重点区段长城国家文化公园建设工作正有条不紊地进行。

近年来，辽宁省着力打造"万里长城东起点"文化IP，整合辽宁境内长城沿线文化遗产资源、生态自然资源，统筹推进管控保护、主题展示、文旅融合、传统利用四类主体功能区建设，展示长城精神内涵和文化价值，建设"万里长城"国家风景道（辽宁段）。

---

1. 吕东珂、张晓飞. 辽宁长城多元化文旅发展路径研究——以长城国家文化公园建设为契机 [J]. 辽宁经济，2022，12（20）.

辽宁长城文创的实践与创新，是以辽宁长城文化为底色，创新性地吸收各类文创经验的过程。梳理辽宁长城文创的经验与创新过程，既可为未来辽宁长城文创发展提供参考，同时也对全国长城文创发展具有一定的借鉴意义。在新媒体时期，本书努力以图文并茂的方式给读者提供可感的长城文创经验，同时在视频、VR 等文创内容介绍环节加入二维码，方便读者扫描链接多媒体，更直观感受相关文创情况。让读者在辽宁长城文化中体味不朽的中华传统文化精神，使读者在欣赏辽宁长城文创的千姿百态中感受辽宁人民的生活热情和文化趣味，以吸引更多的人走近辽宁长城文创，共同弘扬长城文化，共铸中华文明脊梁。

目
contents
录

第一章

辽宁长城的概况及文化基因

一、辽宁长城资源的概况

长城是世界历史上工程量最大、修筑时间最长、跨越地域最广、体系最为完整的冷兵器时代军事防御工程，1987年被联合国教科文组织列为我国首批世界遗产，已经成为中华民族的代表性符号和中华文明的重要象征。

长城辽宁段现存战国（燕）、秦、汉、辽、明五个时代的遗址，资源点段认定数量居长城沿线15个省区市中第五位，规模庞大，类型丰富。

辽宁拥有6个核心展示园和2座博物馆〔东北亚边疆历史文化博物馆（丹东）、绥中长城博物馆（葫芦岛）〕。其他规划中的依次有"宽甸六堡"展览馆、暖阳城历史文化展示馆（暂命名），体现辽宁地域特色长城辽宁段整体呈M状蜿蜒分布，集中体现了古代陆海一体化防御体系的建设成就，但是目前辽宁省长城文化展示与阐释有限，只在各地博物馆中有部分展柜展板，还没有单独的长城展陈场馆。

按照《长城国家文化公园（辽宁段）建设保护规划》，辽宁省长城主题的6个核心展示园于2022年至2023年完成，包括丹东宽甸满族自治县虎山长城、葫芦岛绥中县九门口长城、朝阳建平县烧锅营子燕秦长城、锦州凌海市龟山长城以及城址

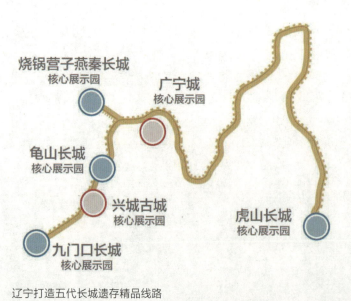

辽宁打造五代长城遗存精品线路

景区类的葫芦岛兴城市兴城古城和锦州北镇市广宁城。[1]

2022年底，文化和旅游部发布8条长城主题国家级旅游线路，全面展现长城沿线文物和文化资源，生动呈现万里长城之美。

8条线路中，有7条线路涉及辽宁省长城重要点段。《辽宁日报》北国客户端推出系列图解，导览了辽宁的长城"打卡地"。[2]

《辽宁日报》发布辽宁省长城国家级重要点段系列图解

1. 我省将建6个长城核心展示园和3座长城博物馆，专家建议——深挖文化内涵为长城展示做好学术支持，辽宁日报，2022-1-19（11）.
2. 辽宁打造五代长城遗存精品线路. http://ln.people.com.cn/n2/2021/1214/c400027-35049198.html.

二、辽宁长城资源的特征

（一）历史悠久，类型丰富

辽宁历代为陆海边境交汇之处，是各个历史时期的防御重点。长城辽宁段现存战国（燕）、秦、汉、辽、明等五个时代的遗存，仅次于河北、山西和内蒙古，历史悠久，时间跨度大，长城类型也十分丰富。

就建造材料而言，除明长城特有的砖墙外，各时期长城中均发现有土墙、石墙、山险墙、自然山险、河险等多种类型。

就长城防御要素而言，不仅保存有完整的墙体及沿线防御设施，还拥有堡城、所城、卫城及镇城等构成明九边重镇军事卫所防御体系的各类城池遗存。

（二）体系完整，价值突出

兴城古城（明代宁远卫城）是国内现存最完整的明代卫城遗存，虎山长城与周围烽火台、堡城构成了明长城最东端的防御体系，九门口长城是国内保存最好且防御体系最完整的明代水上长城遗存，等等。

辽宁长城形成了陆地防御和沿海防御相结合的独特防御体系。这一体系突出表现在以明代宁远卫城（今兴城古城）为中心的山、海、城、岛一体化军事防御枢纽及以明代虎山长城和宽甸六堡为中心的鸭绿江—叆河交汇口防御枢纽，与山海关呈现的陆、海间点、线连接的防御体系不同，长城辽宁段呈现的是陆—河—海带状或面状防御纵深，是古代陆海一体化军事防御体系建设成就的集中体现，具有重要的科研价值。

（三）文化厚重，景观优美

辽宁长城沿线分布了大量中华优秀传统文化资源，包括各级文物保护单位、名城名镇名村等历史文化资源以及非物质文化遗产。

其中，世界文化遗产6处，全国重点文物保护单位78处，省级文物保护单位242处，国家级历史文化名城1座。长城沿线还保存了大量相关遗址、纪念地、展馆等红色旅游资源,6处全国爱国主义教育示范基地和5处国家经典红色旅游资源等。

辽宁长城与自然生态环境紧密融合、和谐统一，共同组合成壮美宏阔的长城景观，如虎山长城、兴城古城、九门口长城、锥子山长城等，无不是长城与自然山水相得益彰的文化景观典范，沿线拥有9个国家级风景名胜区和50个国家AAA级以上旅游景区。

三、辽宁长城的文化基因

（一）辽宁长城传递的文化精神

1. 守卫邦土的决心与毅力

辽宁形成的历史，可谓是守邦卫土的历史，辽宁长城形成有着先民们守卫邦土的决心与毅力的精神感召。

从早期燕国时期，太子丹血洒辽宁，留下千古不灭的传说。到明清时期袁崇焕及助手朱梅惊天动地的誓死守关的历史故事。白山黑水的人们自古沐浴在先人们守卫邦土精神力量的感召之下。

在2200多年以前也可看出燕和辽宁的血肉关系。燕国长城形成的背后，有一个惊心动魄的历史故事。

公元前227年，秦王嬴政统一六国的兵锋已经威胁到燕国的安全；这时燕王喜的儿子——太子丹，见此形势非常焦急，设法要保卫自己的国家，他过去曾被作为人质押在秦国，他经常遭受秦王侮辱，逃回国后，他一直想报此仇。如今看到燕国的这种危急局势，为了挽救燕国，他礼贤下士，交结了一位叫荆轲的游侠，并要他到秦国去刺杀秦王政（即后来的秦始皇）。荆轲慷慨应允，带领燕国少年勇士、13岁的秦舞阳去秦都咸阳。因为秦国的制度很严，身带兵器是不能接近秦王的，于是太子丹与荆轲定计，以割地献地图为名，图中暗藏利刃。秦王见燕国派人前来割地与秦，以为是真，很是高兴，就聚集群臣接见荆轲和秦舞阳。在殿上，荆轲展开地图露出匕首，便疾速抓起匕首向秦王刺去，不料秦王机警地躲开了。荆轲行刺未中，一场短兵相接的搏斗便在大殿上展开了。但终因人单势孤，荆轲与秦舞阳刺杀秦王未成，当场身死。"图穷而匕首见"（也作"图穷匕见"）的典故，就是由荆轲刺秦王这一出历史故事产生的。

图穷而匕首见

秦王对燕国派人行刺非常恼怒，就派大将王翦带兵攻打燕国。燕王喜和太子丹感到抵不住强大的秦军，于是就跑到燕国统治稳固的地区——东郡的首府襄平（即今辽阳市）。燕王喜一行人马来到辽东，秦军仍在后面追打，不肯停止进军。太子丹到襄平后，躲在附近的衍水中，暂避锋芒。此时秦军写信给燕王，说秦军所以如此追赶你们，就是因为太子丹的缘故。如果你能杀了他，献给秦王，秦王一定能谅解你而保住你的国家。愚蠢的燕王听信了这番话，派人去太子丹藏身之所，杀了太子丹。可秦军还是照样攻打燕国，最后把燕国灭掉，燕王喜也成了俘虏。后人为了纪念这位爱国的太子，就把衍水改名为太子河。这就是太子河名称的由来。太子河也正是因此而成为辽宁省内一条富有传奇色彩的河流。明代诗人韩承训咏太子河诗："斯干自入维熊颂，如带应同白马盟。向晚渡前争利涉，隔林烟雨棹歌行。"

今天，太子丹当年藏匿的地方已无从稽考了。但从辽阳附近的地理环境看，太子丹很可能就栖身于辽阳市东峨嵋庄、沙坨子一带。因为那里正当辽河平原与辽东山地的分界线。[1]

从史书看，只有司马迁的《史记·匈奴列传》中记载了十几个字，透露了很简单的信息："燕亦筑长城，自造阳（今河北省北部）至襄平（今辽阳市）……以拒胡。"

除了燕长城，被称为"京东首关"的九门口长城，同样有着动人的故事。如今的"城在水上走，水在城中流"，成为风景秀美的历史文化古迹。而历史上却是烽火硝烟的兵家激烈争夺之地。守土卫邦的故事多次上演，历史记载著名一战当属朱梅击退努尔哈赤，守卫九门口，捍卫了山海关与京师的安全。

九门口长城位于辽宁省葫芦岛市绥中县李家堡乡，南端起于危峰绝壁间，与山海关方向的长城相接，距山海关 15 千米。其在宽达百米的九江河上，筑起规模巨大的过河城桥，因有九个关门，故称"九门口"。九门口长城是由城墙、敌楼、战台、边台、围城、过河城桥、关城、哨楼、拦马沟、拦马墙、烽火台、炮台等一系列军事防御工事以及其他附属设施构成。过河城桥下的宽阔河床全部用方整的大石块铺成，形成规整的石铺河床，望去犹如一片石，所以九门口长城又被称为"一片石关"。[2]

在风光旖旎的九门口长城脚下，有一座气势恢宏的墓园，这就是明朝末年镇守

---

1. 冯永谦，何溥滢. 辽宁古长城 [M]. 沈阳：辽宁人民出版社，1986：8-10.
2. 我省将建 6 个长城核心展示园和 3 座长城博物馆，专家建议——深挖文化内涵为长城展示做好学术支持 [N]. 辽宁日报，2022-1-19（11）.

第一章 辽宁长城的概况及文化基因

007

山海关的总兵官朱梅之墓。朱梅墓园在绥中县九门口东南李家堡乡石牌坊村后。墓前有插屏式石雕墓表，刻阳文楷书十行，每行五字，其文为"明诰赠左柱国特进光禄大夫太子太保前经理军务镇守蓟辽等处地方五挂将军印总兵官后军都督府左都督海峰朱公墓"。墓园占有很优越的地理环境，南面是渤海，与姜女庙仅数里之隔，遥遥相望，西面是九门口长城。

朱梅，号海峰，明末辽东广宁前屯卫（今绥中前卫）人，初任副将之职。为人朴实忠厚，办事精明干练。天启六年（1626），在著名的宁远保卫战中，朱梅与袁崇焕一起，坚决抗击了后金军。他们视死如归，英勇顽强，终于以少胜多，击退了努尔哈赤的侵犯，捍卫了山海关与京师的安全。天启七年（1627），他又与袁崇焕一起，击退了皇太极的侵犯，取得了宁锦大捷。

朱梅是坚决的主战派，他不仅是袁崇焕的有力助手，同时也做了不少抵御后金军入犯、整饬边务的工作。广宁失守后，情势十分危急，军心、民心不稳，都很惊恐，后金军又趁势要挟，索取大量赏赐。在这种情况下，朱梅慨然出抚，担起重任，就职山海关总镇。他在任上，恩威并施，妥善地处理了边事之争，安抚了百姓。为了加强防务，他还重修了长城，又招收降丁，抚恤难民，并大力开展屯田。这些措施，大大增强了山海关的防务。[1]

一代代将军战士，一次次激战，在辽宁大地上书写了守土卫邦的故事。

2. 对建立永久安宁生活的向往

从历代修筑的这些长城看，构成中华民族的各族，都曾修筑过长城。除春秋战国各诸侯国修筑的长城外，汉族所建的王朝修筑的有秦、汉、隋、唐、明长城，鲜卑、高句丽、契丹、女真、蒙古等少数民族所建的王朝修筑的有北魏、东魏、北齐、北周、高句丽、辽、金长城。由此可见，长城并不是专属于哪一个民族的，而是我国古代各族劳动人民的血汗和智慧的结晶，是中华民族共同的历史财富。

1. 冯永谦，何溥滢. 辽宁古长城 [M]. 沈阳：辽宁人民出版社，1986：111–113.

我国长城修筑的时间几乎持续了两千年。前后有 20 多个诸侯国与封建王朝修筑过，形成战争防御史上独具特色的军事设施，也构成我国历史的一大特点。

现存于我国各地的长城和烽燧遗址，纵横交错，经过国务院文物主管部门认定公布的我国境内各历史时期长城分布范围涉及我国北京市、天津市、河北省、山西省、内蒙古自治区、辽宁省、吉林省、黑龙江省、山东省、河南省、陕西省、甘肃省、青海省、宁夏回族自治区、新疆维吾尔自治区等共 15 个省（区、市）的 404 个县（市、区）。[1]

我国古代这么普遍地修筑长城与人民对安宁生活的向往的美好愿景是分不开的。早期在辽宁大地上的长城，主要与防御北方游牧民族的侵扰有着直接的关系。

更深层的原因，是社会的发展产生政治经济的变革。在春秋战国时期，中国社会奴隶制解体，开始向封建社会迈进。这时铁器的出现和被大量使用，促使中原地区农业生产迅猛发展，社会发生了急剧的变革。同时，在农业生产发展的基础上，手工业和商业也得到长足进步。一些大城市出现，如赵国的邯郸、秦国的咸阳、魏国的大梁、齐国的临淄和燕国的下都等，均成为当时各国的政治、经济和文化中心。各诸侯国都在不断发展自己的势力，在互相争雄的情况下，经常进行兼并战争。为了抵抗别国的侵袭，各自都在面对强邻的一方加强防御，修筑长城便是一项有效的措施。如楚筑方（长）城以北御秦，齐筑长城以南御楚、越，魏筑长城以御秦，赵筑南界长城以御魏，燕筑南界长城以御赵。这是各国修筑长城的原因之一。这些长城都为腹地长城。它们之间并没有互相联结起来而成为一个整体。另一个原因是，在中原农业地区的北部，居住着严允、楼烦、匈奴、林胡、东胡等游牧民族，他们擅长骑射，经常进入中原农业区域骚扰，掠夺人畜财物，破坏生产，危及与他们邻接的各诸侯国边境的安宁。

于是处在北部的秦国、赵国和燕国，也都各自在自己辖境的北部筑起长城，以

---

1. 长城保护总规：不得擅自修缮长城及附属文物．（2019-01-24）．[2023-04-12]．https://baijiahao.baidu.com/s?id=1623547900864657030&wfr=spider&for=pc.

防侵扰。据《史记·匈奴列传》记载，秦在昭王时，灭义渠后，"有陇西、北地、上郡，筑长城以拒胡"，对赵国筑长城记述尤为详尽："赵武灵王亦变俗，胡服，习骑射，北破林胡、楼烦，筑长城，自代并阴山下，至高阙为塞。"这就是历史上有名的"胡服骑射"典故的由来。燕国也不止一次地修筑过长城。

由此可知，长城的功用有二：一是各诸侯国为防御邻国侵袭，筑长城以自卫；二是邻接北部游牧经济区的各诸侯国，为保护农业经济区不遭受游牧民族的骚扰，筑长城以为屏障。从此以后，修筑长城又继续了两千年的漫长岁月！当然到了今天，长城已失去它的历史作用，只是作为中华民族宝贵的文化遗产，存在于各民族共同开发和建设的960万平方千米的中国大地上，激励后人自强不息，永远向前！[1]

3. 人民伟力的重要体现

随着我国科技及建筑工艺的发展，几年间，一座座高楼大厦在全国各城市拔地而起。而历史上修筑长城，却是举全国之精力，集人民之力量，书写了一个又一个难忘的故事。

当今保存最为完整的当属明长城，其修筑过程有着相对详实的记载，是历史上人民伟力的集中体现。

明朝从建立后，也和历史上的其他王朝一样，很重视修筑北部长城，用以防御处在北方的瓦剌和女真人对中原地区的骚扰。明朝修筑长城所用的精力，在我国历史上也是独一无二的。它统治的277年间，几乎没有停止过修筑长城的活动，而且是不惜工本和时间，精心设计和施工，务求坚固实用。因此，筑成保存至今仍然完整的

绥中境内修筑在高山顶上的长城

1. 冯永谦，何溥滢. 辽宁古长城 [M]. 沈阳：辽宁人民出版社，1986：3-4.

雄伟长城。

明长城在我国现存长城遗迹中，是建筑最雄伟壮观、保存最完好的。通常人们所说的"东起山海关，西到嘉峪关"的这道长城，就是明代修筑的。不过，它还不是明长城的全部，而只是明长城中重要的一部分。在它的东端，还有近2000里的"辽东长城"。但由于山海关至嘉峪关的这一段长城修筑得十分坚固，并有至今仍然保存完整、建筑规模庞大的关城，因此人们误认为明长城是从山海关到嘉峪关。因而这一段辽东长城也就常在人们的印象中淡忘了，实际上它也是明代长城的重要组成部分。

明长城的修筑始于明朝建国之初。在洪武元年（1368），朱元璋派大将徐达修筑居庸关等处长城。洪武十四年（1381）又修山海关等处长城，正德年间（1506—1521）在宣府、大同一带修筑了烽堆3000多所。直到万历时，前后经过200多年的时间，明长城的修筑工程才基本完成。而个别的关堡直到明末还在继续修筑。总之，有明一代的200多年里，从没停止过对长城的修筑工程。

绥中境内修筑在高山顶上的长城这段墙基宽6米，顶宽5米多，外有垛口，高达2米，内砌女墙，高耸的战台、敌台林立墙间，更增加了长城威武雄壮的气势，在长城上面可容五马并骑行进；尤其这段长城都建在高山峻岭之上，就更是险要。

由山海关以东至辽宁鸭绿江的这道"辽东长城"，为夯土墙、石砌、墙和劈山墙、木板栅等互用，就地取材，形式多样，变化很大，它构成明代长城的又一特点。

明代长城的附属结构很多，城堡、敌台、烟墩遍布城内外，工程极其浩大和艰巨。

仅以一个每边长8米、高

绥中第二十五号敌台

12米的普通烽火台土方量看，至少需800立方米土，从挖土、远距离运输到版筑夯成，这得需要多少人力投入劳动，更何况西北地区苦寒，风沙很大，难于施工，其艰苦情形不言而喻。山西以东的长城线段，修筑更不容易，因为它是建在高峻的山脊之上，底部垒大石条，上部砌砖，需用的材料都要由山下运来，甚至要人一块块背上山来。一块大石条长3米多，重有2000多斤，不仅要抬到山脊上，而且还要砌好，那种艰苦的劳动情景就可想而知了。这样一个巨大工程设计也很复杂，战台、敌台多为分层建筑，上层用于战守，下层用来贮存武器与供人居住，同时每隔200米在墙体内修成石阶甬道以便上下城墙，因而都增加了修筑长城的难度。

明代万里长城犹如一条天矫的巨龙，从东到西，飞舞奔腾，头枕于鸭绿江畔，摆尾于祁连山中。这是多么壮观的景象，其间世代人民集体付出的智慧及力量，不禁使人惊呼和赞叹。[1]

4. 有备无患治国理念的传承

长城既是臣子忠孝的代表，是国民对安宁生活的向往，是全体中华儿女智慧及伟力的集中体现，同样也是君王有备无患的治国理念的传承。

《史记·张仪列传》记载张仪进行连横游说于燕国时，向刚即位的燕昭王说："今大王不事秦，秦下甲云中、九原，驱赵而攻燕，则易水、长城，非大王之有也。"这说明燕南界长城在燕昭王即位之前，在公元前311年之前已经修筑完成了（燕国所筑长城，有南、北两道）。

这道长城的走向，西起河南省西部太行山下，经易县、徐水、安新，东到文安县西境。燕修筑这道长城，是因为南有齐，西有赵，更有强秦，而燕的国都下都就在易水北岸不远的地方，不筑长城怎么能拱卫国都？燕国末年，荆轲受太子丹的托付去刺杀秦王，临行前悲壮地告别燕太子丹，慷慨高歌："风萧萧兮易水寒，壮士一去兮不复还！"然后就取道去秦都，这一场千古少见的送别，就是在燕国都城之

1. 冯永谦，何溥滢. 辽宁古长城 [M]. 沈阳：辽宁人民出版社，1986：64-68.

外——易水岸边、长城脚下进行的。唐代骆宾王据此有诗云："此地别燕丹，壮发上冲冠。昔时人已没，今日水犹寒。"燕的南界长城，就是这样紧密地和历史风云联系在一起而载入了史册。

燕北界长城修筑的时间要比南界长城晚些。原因是北邻游牧民族东胡的势力强大，骑兵劲旅，燕受侵逼，辖境未展，无法修筑长城。改变这种情况，那是后来的事情。

《史记·匈奴列传》里有这样一段记载：是在燕昭王的时候，北邻东胡兵力强盛，常攻掠燕国，燕国为了求得北部边境的安宁，不得不屈从东胡的要求，把燕国的名将秦开（即与荆轲同去秦国刺秦王政的燕国少年勇士秦舞阳的祖父）送到东胡那里去做人质，可是秦开被扣押在东胡期间，得到了胡人的信任，因此对他限制就不太严格，秦开借以了解到东胡内部的许多情况。秦开回到燕国后，就发兵攻打东胡。东胡大败，向北退走 1000 多里。于是，燕国就在新拓展的边境上，从造阳（今河北省北部独石口至滦河源一带）到辽东，筑起了一道长城。同时燕国还在这新开辟的疆土上建立了上谷、渔阳、右北平、辽西、辽东五郡，正式设置军事、行政机构，用以巩固北方边境，防御东胡的骚扰。

至此，辽宁大地上第一次出现燕国的长城，时间约在燕昭王（前 331—前 279）的后期。[1]

这种有备无患治国理念，在中华民族世代都有传承和体现。只别于治理方式的不同。建立防御体系是治国安邦的重要方式。

秦始皇在公元前 221 年统一中国后，设在辽宁地区的行政建制，仍依燕之旧制。在医巫闾山以东设辽东郡，首府是襄平（今辽阳市）；医巫闾山以西包括河北省东北部在内设辽西郡，首府是且虑（今辽宁西部某地，遗址未明确找到）；辽宁西北部（朝阳以西建昌、喀左、凌源、建平等县）与内蒙古自治区东南部设右北平郡，

---

1. 冯永谦，何溥滢. 辽宁古长城 [M]. 沈阳：辽宁人民出版社，1986：10—11.

首府是平刚（今赤峰市宁城县甸子乡黑城村南之古城址）。

秦始皇时期，其为防御北方的游牧民族向经济和文化发达的中原地区掠夺和骚扰，就派太子扶苏和大将蒙恬率军北击匈奴，更发数十万人去修筑长城。于是，举世闻名的秦始皇"万里长城"就出现在中国北部地区的辽阔大地上了。[1]

5. 文化交融的历史见证

长城是文化交融的历史见证。北方匈奴的入侵，中原的防护过程，同时也是民族交融的过程。

西汉王朝建立的初期，被破坏的社会经济还没有得到恢复和发展，而北方的强邻匈奴处于奴隶制阶段，它以掠夺的方式积累财富，把目光集中到物产丰饶的汉王朝统治地区。因此，汉朝边境郡县的人畜财物，就成了匈奴奴隶主贵族抢掠的对象。在这种情况下，西汉建国伊始就极度重视长城在保卫北方边境安宁的特殊作用，在刘邦称帝后一切尚未就绪的第二年，就开始修缮汉朝西部黄河河套地区的长城。

西汉初期，因国力不足，对匈奴的侵扰盗边无力抵御，因而采取了和亲政策，下嫁宗室女，并奉送大量衣食器用，以便换来边境的暂时安宁。西汉长时间执行这种政策，到后期元帝刘奭时，发生了"昭君出塞"的历史故事。我国著名历史学家翦伯赞咏昭君的诗："汉武雄图载史篇，长城万里遍烽烟。何如一曲琵琶好，鸣锅无声五十年。"歌颂了这种表现民族友好的和亲政策。

匈奴贵族奴隶丰，在西汉初期对边郡的侵掠是很频繁的，特别是云中、上谷、右北平、辽西、辽东等郡遭受的损失更大。据史载，仅云中和辽东每年被匈奴杀害和掠去的人口就达1万人以上，其他牲畜财物就更无法计算了。匈奴是"小入则小利，大入则大利"。这种局面从汉初开始，一直继续了四五十年。景帝以后直到武帝刘彻时，经济极盛，军事抵抗力量也随之增强，才开始对匈奴进击。最后匈奴

1. 冯永谦，何溥滢. 辽宁古长城 [M]. 沈阳：辽宁人民出版社，1986：111-113.

败退漠北，部落陷入离散的境地，不能危害汉朝边境郡县，这才使长城以内的地区真正得到保护。但是，即使这样，汉朝也放弃了斗辟县造阳地，给予了匈奴。

东汉国力转弱，北方匈奴、乌桓、鲜卑等族势力日强，大多进入塞内居住，"障塞破坏，亭燧绝灭"，边境回缩。东汉时期，虽也多次"筑亭障，修烽燧"，但规模已小得多了，并且已非前代的线路，其位置南移了很多，差不多与现存的明长城相接近了。[1]

6. 边塞豪迈洒脱的壮志品格情怀

辽宁人民生活在边塞白山黑水之间，在广袤无垠、寒暑交替明显的这片大地上，形成了北方人民特有的豪迈与洒脱的性格特征。既是在长城修筑上体现的人民对工程的细致，又是在守卫边疆时体现的人民勇敢坚毅的性格。

在辽东东部边墙中，有两个重要关城是不应忘怀的，这就是鸦鹘关和清河城。它在明清之际对两者消长起过很大作用。

鸦鹘关，位于今抚顺市新宾满族自治县苇子峪乡三道关村南 50 米处。这是明长城临近后金的最后一关，距后金首府赫图阿拉仅 80 余里。它是清河堡的门户。明朝要对后金用兵，必先经过这里，后金要发兵内侵，也必先突破鸦鹘关。这里地势十分险要，层峦叠嶂的高山在这里突然中断，仿佛神斧劈开的一般，形成了一个天然关口。这里是南北的唯一通路，真有"一夫当关，万夫莫开"之势。现在关口内还有一土台基址，宽约 6 米，高约 4 米。它正式修筑于明成化四年（1468），是辽东协镇韩斌所建。这道关口是防御女真进入辽河平原的前哨阵地，是明王朝扼险自固的屏障，是明朝与后金矛盾争夺的焦点。因此，明朝与女真之战频频在这里发生。

明成化二年（1466）十一月，"建州虏复入鸦鹘关，命李秉与武靖侯赵辅往征，都指挥邓佐为先锋，率兵五百，前哨至双岭，遇伏战死，一时陷没者百余人"。成

---

1. 冯永谦，何溥滢. 辽宁古长城 [M]. 沈阳：辽宁人民出版社，1986：43–44.

化三年（1467），明武靖侯赵辅率5万大军分兵出击李满柱，"右掖右哨"过鸦鹘关，直捣烟突山，给女真人以重大打击。成化四年（1468）十一月，女真"由鸦鹘关南哈合里入境寇掠"。成化十六年（1480）、弘治十五年（1502）女真人又两次出鸦鹘关攻打清河堡，都给了明军以沉重打击。

清河堡是辽东东部边墙的重要城堡，位于本溪市本溪满族治自县东北20余里，后依云蒙山，前临清河，距鸦鹘关70余里。它建于明万历年间。城外还有传说的点将台和先锋台遗址。现在仍存有旧时城廓的遗迹。明末，这里是边防要塞。是明朝通往后金的要道和前哨阵地，也是抚顺以南的交通枢纽。明朝在这里设重兵把守，原有守军637名，随着女真的日益强大，这里的防务也就越来越重要了。嘉靖三十九年（1560）改守备，加添兵马，驻军1042名。

努尔哈赤与明兵曾多次在这里交战。努尔哈赤对明用兵都从这里内侵。著名的萨尔浒之战中，明右翼中路就是由清河堡出鸦鹘关围攻赫图阿拉的，也是从这里急急撤回，才保存了一部分兵力，免遭全军覆没的。在这次大战中，明副将邹储贤带兵1万名固守清河堡，努尔哈赤率领八旗兵奋力攻城，一场浴血苦战就在城下展开，明兵炮手千余名在城上向后金军猛轰，一时滚木矢石齐下，后金军"树云梯，不避锋刃，飞跃而上"，终于攻下了清河城。自此以后，明朝辽东边关的大门也就洞开了。[1]

（二）辽宁长城文化故事及传说

1. 这里的长城早于秦朝

战国时期，诸侯并立，各国修筑的长城都是在自己辖境以内，不相联属。秦始皇统一中国后，看到各国长城有分割地域的作用，因而下令拆除各国所筑的长城，但对秦、赵、燕三国的北部长城没有拆毁，而是加以利用连缀，筑成秦统一后的北

1. 长城保护总规：不得擅自修缮长城及附属文物.（2019–01–24）.［2023–04–12］. https：//baijiahao.baidu.com/s?id=1623547900864657030&wfr=spider&for=pc.

部整体长城。

《史记·蒙恬列传》说："秦已并天下，乃使蒙恬将三十万众，北逐戎狄，收河南（今黄河河套地区），筑长城，因地形，用制险塞，起临洮，至辽东，延袤万余里。"

战国时期，秦长城西起甘肃岷县，北经兰州，东至河曲黄河的西岸。赵武灵王长城西起狼山西端，经河曲黄河北之阴山、呼和浩特，东到河北张家口。燕长城西起河北独石口，北至滦河源一带，东至辽东。由于秦、赵、燕三国北部边界基本相平行，因此这三段长城，起讫大体均可相接，这是构成秦始皇"万里长城"的基础。

《史记·匈奴列传》记载：蒙恬北击匈奴之后，筑长城，"因边山险，堑溪谷，可缮者治之，起临洮至辽东万余里"。这显然是包括三国北部长城而言的，并由此可知，秦始皇筑长城是在"可缮者治之"的原则下进行的。缮者，补也。秦万里长城，是缮治前代长城而成的。从考古发现看，确实证明秦代长城是在战国时期的秦、赵、燕三国长城旧基上，断者接筑，坏者修补，加以连缀，当然，也有一些增大和扩筑，终于修复成了这道东西横亘，总长度一万余里的伟大建筑工程，名副其实，不愧"万里长城"之称号。

由于种种历史原因，在许多人的印象中，好似长城就是秦始皇修筑的，不知其前而且更不知其后许多朝代都修筑过长城，以至将"起临洮，至辽东"长达一万余里的秦长城，和在我国北方崇山峻岭中与之相仿的"东起山海关，西到嘉峪关"的明长城混为一谈，误认为明长城即秦始皇的"万里长城"。清代乾隆皇帝就是这样看的。他把山海关当成秦长城的起点。他写诗说："不似秦皇关竟海，空留遗迹障幽燕。"但两者完全不是一回事。秦长城远在北面，尤其是东段，甚至要较明长城往北直线推移有五六百里，它们是根本不会重合的。

秦长城的东段，沿用燕的外线长城，是在原来的墙址上加以修缮的。它经过的地点是由河北省围场县东北部进入内蒙古自治区赤峰，经敖汉、奈曼、库伦等旗县，然后进入辽宁省阜新，又经彰武、法库、开原与铁岭一带，越过辽河，向东经清原、新宾、桓仁、宽甸，过鸭绿江而后直达长城所起的碣石山。[1]

秦长城从阜新进入辽宁后，遗迹就不甚清楚了。在前面燕"外线长城"中，曾谈过铁岭新台子燕国遗址。这处遗址也包括秦和汉两个时代，因此可知秦长城与燕长城是同一线路，在铁岭与开原之间跨辽河东去的。但在辽东地区，现在还未发现明确的秦代长城遗迹，是秦人没到过吗？不妨借用清代诗人清格的一首诗来说明：

叠翠层峦万木间，一渠流水出尘寰。
此中定有秦人在，何似渔翁去不还。

这里确有秦人。宽甸县城东北，浑江上游北股河与半拉江的汇合处，是一个山清水秀的地方。"半空岩壑有云住，万迭烟峦唯鸟翔"，这就是太平哨。谁来到这里，都会为这里的山水所吸引。1975 年在太平哨乡小挂房村，发现一处秦代遗址。小挂房村是一个不为外界所知的小山村，但是谁曾想到，这里保存了 2000 多年前秦军戍守边境的遗迹。"此中定有秦人在"，这话一点不错。在村东山坡上，一处秦代遗址中，出土了许多重要遗物，其中兵器有铜戈两件和秦代货币。

宽甸小挂房出土的"石邑"戈拓片和"石邑"铭文

1. 冯永谦, 何溥滢. 辽宁古长城 [M]. 沈阳: 辽宁人民出版社, 1986: 31.

这件铜戈的发现，是辽宁地区第一次出土明确为秦代的兵器，"塞尽秦时地，山开徼外天"，从考古发现证明，秦代长城就是从宽甸下露河、太平哨和桓仁雅河等乡一线外缘通过的。

2. 口耳相传的孟姜女何时哭长城

姜女庙中的望夫石和振衣亭

在人们谈论秦始皇"万里长城"的时候，都会很自然地联想到"孟姜女哭长城"这个家喻户晓的民间故事。

这个故事在我国流传极广，各省都有不同的说法，内容变化很大。其中有一种说：孟姜女是陕西人，年十六，一天正在自己家后园莲池中洗澡，被逃进园中躲避抓伕修长城的范杞梁看见。孟姜女将此事告诉了父母，就嫁范郎为妻，当他们成亲之际，被官府发现，于是将范郎抓走，送到山海关去修长城。一去三年，不见范郎回来，北方冬季天气冷，为了御寒，孟姜女就做成棉衣送去。一路上千辛万苦，好不容易到了山海关，四顾茫茫，到哪里去找范杞梁呢？孟姜女站在山石上翘首遥望，也没有看见她的范郎。她就到处打听，后来才听到范郎因修筑长城累死，尸骨已埋在长城的下面了。孟姜女得此噩耗，真如晴天霹雳，放声痛哭，凄惨悲切，终于将修到海边的长城哭倒。孟姜女把筑在长城里的范杞梁尸骨拣出埋葬，自己也投海而死。后来在浩瀚无际的大海中出现了姜女坟——即今绥中县西南万家海中的四块露出水面的黑色礁石。清初诗人戴亨咏叹孟姜女的诗云：

嵯峨片石对秦城，千古存亡动远情。

过客谩深姜女恨，芳名翻幸祖龙成。

山雄绝塞当祠落，海卷洪涛到岸平。

瞻罢出门频叹息，贞魂缥缈望中生。

　　近代铁路修起来了，当沈阳到北京的火车由山海关通过时，一些上了年纪的老人就说："现在火车能从这儿过万里长城，多亏了当年孟姜女的一哭啊！"言下之意，若不是孟姜女"哭倒"长城，火车是无法通过的。可见孟姜女哭长城的故事，在民间流传的是何等广泛。

　　其实，孟姜女和秦始皇的"万里长城"毫无关系。据我国著名的史学专家顾颉刚的考证，孟姜女并未生活在秦始皇时代，而是春秋时的齐国人。

　　公元前549年，齐庄公光攻打莒国时，杞梁为先锋，不幸被莒国打死，杞梁有妻，善哭，在齐国是有名的。后来的传说就是因此而起。随着时间推移，故事的内容逐渐被补充完善。说她哭杞梁极为哀婉动人，以至把城哭倒，把山哭崩。整个齐国也都效仿起来，风气都为之改变了，齐国成了一个善哭的国家。故事这样流传了几百年，到秦时也没和长城发生什么瓜葛。就是到了东汉，杞梁和其妻的故事也还是限在齐国范围。人是齐国人，哭崩的也是齐国的城。故事发生关键性的变化是在唐朝。在唐朝末年有个叫贯休的僧人，写了一首《杞梁妻》的诗：

秦之无道兮四海枯，筑长城兮遮北胡。

筑人筑土一万里，杞梁贞妇啼呜呜：

上无父兮中无夫，下无子兮弧复孤。

一号城崩塞色苦，再号杞梁骨出土。

疲魂饥魄相逐归，陌上少年莫相非。

　　从此以后，秦长城就和杞梁夫妇结下了不解之缘，为后来发展起来的"孟姜女哭长城"的故事奠定了基础。

到了唐末五代时，人们把孟姜女和秦始皇、万里长城联系起来。而实际上孟姜女要比秦始皇早很多年，根本没赶上秦始皇修长城，当然也就没有到山海关前来寻夫的事。再说，秦代万里长城也不在这里，而是远在数百里外的赤峰北面，山海关附近的长城是明代修筑的，孟姜女怎么会在2000年后，到这里哭明长城呢！尽管没有其事，但故事却反映了封建社会残酷的剥削和繁重的劳役。"哭倒"长城，表达了人民群众反对封建制度和阶级压迫的愿望，因而人们乐于去听，历久不衰。[1]

3. "秦时明月汉时关"中的"关"在这里

西汉建国后，很重视边关郡县的安宁，因之开始加固边关，缮治北方长城。

西汉时期的长城，是沿袭燕秦长城的。在东段，汉因秦，而秦是因燕国的外线长城。因此，今天在这道长城线上和附近的城址中，不仅能看到燕与秦的遗物，同时也能看到西汉时期的遗物，说明三朝都曾在这里修缮长城和派兵戍守边境。秦关汉城依然存在。赤峰市宁城县黑城村南的古城址，就是右北平郡治平刚县故城。这座城在西汉时期是通往呼伦贝尔草原的交通要道，许多名将如大行李息、岸头侯张次公、骠骑将军霍去病、博望侯张骞、郎中令李广以及韩安国等人，都曾到过这里。他们或由此出发，北击匈奴，或为太守，驻戍此地，保卫边境。近年在这座古城内出土的"部曲将印""假司马印"等铜印和"渔阳太守章""白狼之丞"等封泥，就是历史见证。

奈曼善宝营子古城址，经过发掘出土西汉时期的文物很多，如出土的一种日常陶制生活用具、建筑用的瓦与瓦当、各式铁制农业生产工具、兵器铜镞、货币"半两"和"五铢"等。其他沿线长城地带，也都有汉代遗存。在奈曼八仙筒乡乌兰章古村出土的"军司

奈曼乌兰章古与库伦乌兰出土的铜印

1. 冯永谦，何溥滢. 辽宁古长城 [M]. 沈阳：辽宁人民出版社，1986：14-15.

马印"、库伦三家子乡乌兰村出土的"骑部曲督"等铜官印，是有一定职务、地位的军职印章。当时他们经常活动在长城沿线，遗失在草莽之中，因而在地下保存了2000多年。

当长城向东延伸，从阜新进入辽宁后，经彰武、法库东去，走向了辽东。

"一抹晚烟荒戍垒，半竿斜日旧关城"，当你行走在这道古长城上，每一座关隘、卫城、烽台都会使你再三停步，每一块瓦片也都会引起你对历史的回顾。望着蜿蜒远去的长城，渐渐地消失于天际，你会突然发现，这样的景色只有在画图中才能看到。由于长城的存在，把塞上关山装点得更加秀美、壮丽！唐代著名边塞诗人王昌龄曾歌唱过秦、汉长城：

秦时明月汉时关，万里长征人未还。

但使龙城飞将在，不教胡马度阴山。

这首脍炙人口的诗篇，已经唱了1000余年，至今还是那么令人赞叹。而诗中的龙城，就是今天的朝阳。

西汉时期，朝阳属辽西郡；东晋时期，朝阳是十六国中的前燕、后燕、北燕三国的国都，名曰龙城，地点就是今朝阳市老城区的位置。西汉的右北平郡，距朝阳不远，地相毗连；西汉武帝时，李广曾任右北平郡太守，驻于平刚城，即今宁城县黑城村南的古城址。李广在太守任内，多次出兵袭击匈奴，北出数百里，威猛异常，多所斩获。匈奴称之为"飞将军"，很久不敢入塞。李广的故事很多。本来他的家族世代就以善射闻名，到了李广时，他的臂力过人，弓马娴熟，更是青出于蓝。因此深得皇帝的信任，被派驻到右北平郡。为了抵御匈奴盗边，他在郡中极力操练士卒，并以射虎为事，锻炼弓马和胆略。右北平郡治平刚的周围，山高林密，虎狼出没其间。有一次李广出去行围，被虎咬伤，但他并没有因此稍有退缩，而是勇气倍增，终于把虎射死。据说李广又有一次外出，骑马前行，偶一环顾路旁，突然望见距离不远的草丛中伏有一只猛虎，这一惊非同小可，他便疾速搭箭奋力射去，后发现原来不是虎，而是一块卧在草丛中的伏石，他下马近前一看，箭却深深地射入石头中了。唐代诗人卢纶咏其事说：

> 林暗草惊风，将军夜引弓。
> 平明寻白羽，没在石砂中。

这块射虎石至今仍在，其地处在宁城县甸子乡黑城村平刚故城西20里，老哈河上游的一个支流黑里河中游北岸，现在河上修了一座小型水库，就因其在虎石附近，即名为"打虎石水库"。如果有机会前去一游，此地山水、古迹、传说，都是很吸引人的。[1]

4. "土护真"传说

来到辽宁省的西北部，人们就会得到一种新的印象，它既没有辽东地区那样的奇密山林，也没有辽南海滨那样的瑰丽风光。盘亘在这里的努鲁儿虎山脉，高低错落，纵横交汇，其状如万头攒动的牛群一样，从东北走向西南，有的站，有的卧，散散漫漫，遍布在建平、朝阳、喀左、凌源等县。这些山虽不特别高峻险峭，但整个地势海拔却很高，因此就构成了典型的丘陵山地。并且又以努鲁儿虎山脉为分水岭，西有老哈河，东有大凌河，如玉带一般晶莹明亮，闪着波光鳞影，迈着轻盈的步履，行走在丛山之间。燕国北部的"内线长城"就保存在这山环水绕的地方。

在踏游辽宁境内燕国内线长城时，为了不致衔接不上，或和其他各线长城相混，不妨走得稍远一点。就从河北省东部谈起吧。由围场县出发，长城在中部的夹皮川乡边墙村东去，当长城进入喀喇沁旗后，经娄子店乡，东行，过山前乡，再东北去，沿山岭屈曲进入赤峰县的美丽河乡，由美丽河乡黑山头北梁抵老哈河西岸，

---

1. 冯永谦，何溥滢. 辽宁古长城 [M]. 沈阳：辽宁人民出版社，1986：45—47.

然后向东过老哈河，进入建平县境内。

在建平县西部，缘县境是北流的老哈河。在丘陵山地中流出这样一条河来，特别是这"漠北"地区，自然另有一番景象。老哈河不仅美丽，而且也有着古老的传说。老哈河古称土河，又叫土护真水，隋朝称作托纥臣水，辽代又叫陶隈思没里。这些名字都是土护真的音转。土河在历史上和契丹族有密切关系，相传有这样一个故事：有一个神人，骑白马浮土河北去，又有一个天女，驾青牛泛潢河（今西拉木伦河）而下，两人在二水合流处相遇，结为配偶，生有八个儿子，子孙繁衍，后来分为八个部落。这八部形成契丹族，在 10 世纪时建立了辽朝。老哈河发源于河北与内蒙古交界的七老图山脉的东缘，北上和东去的西拉木伦河相汇合，构成辽河西源，即西辽河。[1]

5. 金牛洞传说

在辽宁地区的明代万里长城中，由绥中加碑岩乡山神庙村向东经永安堡乡西沟、锥子山至河口村这段东西走向的长城，气势确是不凡，不仅选择的地势最险峻，建筑布局最为雄伟、壮观，而且至今保存也最为完整。因此，它被誉为"第三八达岭"，这是丝毫也没有夸大的。

西沟村位于绥中县西北部，属永安堡乡。这里山岭连绵，峰峦奇峭，长城建在西沟村南山脊上。现在这里交通方便，由绥中县城乘车可直抵乡政府驻地大甸子村，由秦皇岛市每天开来的班车也通过大甸子驱近长城脚下。

从大甸子村去西沟，沿修建在风光秀丽的石河南岸的公路东去，15 千米就到了长城线上的一个重要隘口——大毛山口。据说，大毛山口的得名是因在山岭下的南面有一小山头，其状如蹲踞的猫，面对着岭上的隘口，故称此山口为"大猫山口"，后来就习惯地称为"大毛山口"了。

大毛山口，岭高坡陡，公路在山间盘旋，当跃上岭顶时，即到了长城上。当

1. 冯永谦，何溥滢. 辽宁古长城 [M]. 沈阳：辽宁人民出版社，1986：14-15.

你来到这里，立刻就会发现，这里的长城太壮观了，四顾茫茫，苍山如海，层层峰峦，真如"卷起千堆雪"的浪涛，一个个山峰争向青天，一个更比一个高。你向东西两面望去，在这样的高山顶上，敌台林立，一个接着一个，在敌台之间的山脊上，蜿蜒着威武雄壮的长城，这气势真令人赞叹不绝！

西沟长城是万里长城的主干线。由此向西，经绥中加碑岩乡山神庙村，出境就是河北抚宁县，再向西即通向北京八达岭、居庸关；从西沟东去，过锥子山，经蔓枝草、石匣口，到河口村，长城就止于其东的山谷中了。锥子山虽然不是一个声名显赫的山，但在万里长城中，却是一个响亮的名字。在这里的莽莽群山中，一个圆形山峰突起，下丰上锐，远望如锥，故名锥子山。由永安堡乡（驻大甸子村）沿石河北岸公路东去，到金家沟，向南望去，就可看到形状奇特的锥子山了。过金家沟村，沿着一条山道，就可来到锥子山东面的长城上，如果由城墙顶上向西攀登，可直达锥子山。这时你会发现锥子山十分险峻，陡峭的石壁，下临无地，俯身探视，令人为之心悸。长城由东西南三面而来，齐抵锥子山石壁间。这时，锥子山就像一个硕大无朋的天然敌台，把三道长城齐集到自己身上，真是巧妙的利用！由锥子山向西去的长城，系用砖筑，至今仍保存较好，垛口、女墙依然存在，敌台上的铺房有的也还可见。由锥子山向南，长城越群山，经九门口，直达山海关。在锥子山附近的长城上，保存着非常重要的文字资料，金家沟北的长城上，有一块城砖印有"德州秋班营造"字样；更可贵的是，在曹家房子屯南长城敌楼上，保存着明"万历五年闰八月"由"钦差巡抚辽东兵部右侍郎张学颜、钦差镇守辽东总兵官左都督李成梁"领衔的《概木冲楼题名记》碑，它们记载着修筑这段长城的历史过程。

蔓枝草，多雅致的名称！这座小山村，在乡政府驻地大甸子村南1里余。这里是一条较为平坦的南北向的山谷，两侧都是纵横的山岭。长城由锥子山向东而来皆为石筑，它跨山越谷。当来到蔓枝草时，长城由村西山脊上走来，下到平地，又向东面山顶升腾而去，由于长城是沿山坡陡直而上，形成一个阶梯又一个阶梯，十分别致，也很壮观。长城墙体上，每隔百十米，就有一座砖筑方形的高大敌台，巍然屹立山头，它们互相声援，相映成趣。蔓枝草段长城，是扼守谷口的，因此，它不像高山峻岭上的长城那样悠远，但也另有一种风姿。

石匣口，在蔓枝草村东不远。这里是一个狭窄的谷口，谷口北面是自西向东而去的石河；从谷里另有一条小河流入石河中去。石筑长城横断小河，堵住了山口，当中留一个水门。这段长城很险要，面临水清见底的石河，风景秀丽。在石匣口长城里侧的东山上，有明"万历元年"筑长城的摩崖石刻。

金牛洞，在河口村的东山上。在这一地段，石流由西流来，触金牛洞山即沿山脚折而流去。由西而来的石筑长城，过石匣口后，仍沿石河南岸的山岭曲折向东，几经盘旋，最后到河口村附近，越过石河，直上岸边的山上，到半山间的金牛洞旁，长城就修到陡直的石壁上。金牛洞是一个宽6米余、高2米多、进深约5米的向南开口的自然山洞。这段长城也为石筑，当过石河时，原来有水口关门，据险筑墙，工程巨大。山上的金牛洞，就成为这道长城东端的终点。

长城修到金牛洞不再向前修了，当地还流传一个很有趣的民间传说。据说，在秦始皇修长城时，已经修了几年，城墙也修出去上万里了，但要修到什么地方为止呢？秦始皇不知道，也想不出一个好办法来解决，这使他很焦急，弄得吃不好饭，

绥中锥子山段长城向三个方向发展

睡不好觉，日夜愁思，寝食不安。忽然有一天，他得到神人指点，告诉他说：你修长城就照老牛走的路修吧，它走到哪里就修到哪里。这样，秦始皇有了主意，把这话传给主持修长城的人，告诉筑城的民伕沿着老黄牛的足迹修。长城继续向东修着，漫无尽头。这一天，果然出现一头硕大的老黄牛，从长城的断头处向东走去。修长城的民伕看见老黄牛，立即跟在它的后面向东赶修。修着修着，当这头老黄牛来到今天绥中河口村附近时，头也不回地过了石河，然后就奔上岸边这座高峻的石头山，最后径直钻进半山腰的那个石洞中去。筑长城的民伕一齐向前抢修，于是就把长城修到洞旁陡峭的石壁上。再到洞中看那头黄牛，已经没有了。因为长城再也没法修了，所以这儿就成了长城的终点。从此以后，人们就把这个山洞叫做"金牛洞"了。[1]

明代蓟镇长城东端终点——绥中金牛洞

6. 祖氏石坊传说

在兴城县城内南太街，高高矗立着两座石牌坊。它们是明朝末代皇帝思宗朱由检，为笼络镇守辽西前线抗击后金的大将祖氏兄弟为其卖命而建立的。两座石坊一前一后，相距约 100 米。

南面是祖大寿的旌功牌坊，建于明崇祯四年（1631），为青石制成。坊系四柱五楼式，高 11 米，阔 12 米。正楼下面横额三重，南面上层刻"忠贞胆智"，中层刻"四世元戎少傅"，下层刻"诰赠"祖大寿上三辈曾祖父镇、祖父仁、父承训的官衔及"钦差经理辽东挂征辽前锋将军印总兵官左军都督府左都督少傅祖大寿"等字，北面横额刻"廓清之烈""四世元戎少傅"等字。石坊上有浮雕双龙、骑马出

1. 冯永谦、何溥滢. 辽宁古长城 [M]. 沈阳：辽宁人民出版社，1986：100–105.

征图、侍从图和各种海兽、莲波花纹等，做工十分精美。

北面是祖大乐的旌功牌坊，建于明崇祯十一年（1638），赭色石料制成。形制与祖大寿石坊大体一致，而规制略大些。全高达14米。正楼下横额两重，上额两面刻"崇祯戊寅岁仲秋吉旦"，蔡懋德题"元勋初锡"、方一藻题"登坛骏烈"，下额刻"诰赠"祖大乐上三辈曾祖父镇、祖父仁、父承教以及"特晋荣禄大夫援剿总兵官左军都督府左都督祖大乐"等字。石柱上还刻有对联，一面是："桓纠兴歌，国倚干城之重；丝纶锡宠，朝隆铭鼎之褒"，另一面是："松横如新，庆善涪于四世；琳琅有赫，贲永誉于千秋。"坊上有双龙、海马、莲叶、牡丹、菊花等浮雕，细腻逼真。这两座牌坊，最后一座建成时，距明王朝的覆亡仅有六年了。这时的明王朝，已处在风雨飘摇之中：关外后金军的进攻，时时威胁着明廷的安全，关内李自成的起义军又节节获胜，直逼京师。崇祯皇帝如坐针毡，真有岌岌可危之感。而明朝的群臣，大多腐败无能，既抵挡不住后金军的八旗兵，更打不过李自成的起义军。祖氏兄弟是明末边关重将，祖大寿早年跟随袁崇焕抗击后金，屡立战功。当袁崇焕屈死之后，镇守辽东宁远城的重任，就落在了祖大寿的身上。明朝崇祯皇帝朱由检，把守住边关的希望，全部寄托给祖氏兄弟，因此为他们立牌坊，以激励其"忠勇"之心。但莫大的讽刺是，牌坊刚刚落成，战争正进行到紧要关头，祖大寿却向清朝投降了，把辽西前线的重要城池，拱手献出。后来，清代乾隆皇帝东巡路过宁远州时，曾写了一首《题宁远祖氏石坊》的诗"燧谨寒更烽候朝，鸠工何暇尚逍遥。若非华表留名姓，谁识元戎事两朝"就是讽刺祖氏投降行为的。

有趣的是，在祖氏石坊上还曾出现过一个很有意思的传说，早年在兴城几乎是没有人不知道的，甚至成为人们赌咒发誓的比喻，后来民国时期修《兴城县志》时，也把这个故事采录进去。据说在清朝道光年间（1821—1850），石坊下原是鱼市，有一个叫高步云的鱼贩，经常在坊下卖鱼，但他爱克扣买主，缺斤短两少给秤，对此人们都很反感。有一次他卖鱼又少给了秤，买主就找他评理，揭露他的昧心行为，他理屈而又强行争辩，就指着头上的石坊发誓说："我若真个少给了你秤，这石坊顶掉下来就把我砸死！"事也凑巧，当他说完，话音还未落，顶上石坊的檐角就掉了下来，刚好砸在他头上。一下子传开：卖鱼少给秤的高步云被砸死了！这故事的可信程度究竟如何，现已无法考证，至少反映出群众对奸商的憎恨情绪。但现在祖大乐石坊东侧柱楼上檐顶的东北角，确实掉下一块来，至今那一角檐顶还陷在路旁人行道的泥土里。

（三）辽宁长城文化与文创转化关系

1. 被文创青睐的辽宁长城文化有哪些

首先，在外在结构方面，从摄影视角来看，长城文创中，关于长城的远景、全景、中景、近景都有所表现。远景主要体现在绘画、邮票等图文传播媒体中，表达长城的宏伟，疆土的广阔；全景体现在雕刻葫芦画等艺术品中，表现长城的蜿蜒，雄奇；中景和近景主要体现在玉器、铜器等工艺品中，突出长城的砖瓦、凸凹以及关隘结构，体现长城的细节、质感、功能构造等。

其次，在文化与内涵方面，主要体现出文化身份。如守城将军、士兵等相关形象，有人物本身、盾牌、兵器等；又如城墙标志性砖瓦中雕刻的代表国家、区域、年代等文字符号。

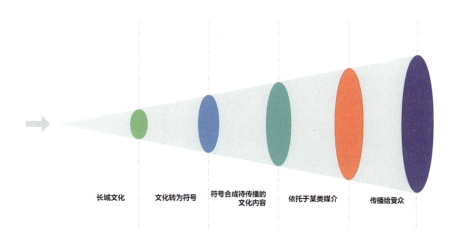

长城文化　文化转为符号　符号合成待传播的　依托于某类媒介　传播给受众
　　　　　　　　　　　文化内容

辽宁长城文化与文创符号之间关联

2. 辽宁长城文化与文创符号之间关联

文化是文创的精神资粮，文创又是文化传播的重要媒介。文化与文创的契合度，影响其在受众中的传播力、影响力、持久力。（文化在转变成文创之前都要依托于一定的符号，语言、文字、绘画、雕刻、表演动作甚至是多种结合的符号。）

符号作为中介，再依托于媒介，包括实体媒介（邮票、玉雕等），虚拟媒介（纪录片、VR 影视等）、虚实结合媒介（包含 VR、音效等虚拟媒介的实体体验场景、纪念品等）传播给受众，受众接触到文创产品，初步形成了长城文创市场。但是在现实中，受众不是被动接受文创市场供给的客体，而是重要的共同参与文创生产的主体之一，受众在消费及体验中，形成对文创市场升级基于直接或者间接的动能，使得文创与受众消费间保持一定的平衡。这样就形成了最终的循环模式。

受众参与文创升级循环图

第二章 辽宁长城文创市场分布、规划及消费情况

《中华人民共和国文物保护法》颁布后，社区居民的保护意识逐渐增强，且联合国教科文组织在 1987 年将长城列入世界文化遗产，长城旅游发展迅速。

据对全国 6.9 万家规模以上文化及相关产业企业（以下简称"文化企业"）调查，2022 年，文化企业实现营业收入 121805 亿元，按可比口径计算[1]，比上年增长 0.9%（为名义增长，未扣除价格因素）。

分业态看，文化新业态特征较为明显的 16 个行业小类[2]实现营业收入 43860 亿元，比上年增长 5.3%，快于全部规模以上文化企业 4.4 个百分点。

分行业类别看，新闻信息服务营业收入 14464 亿元，比上年增长 3.3%；内容创作生产 26168 亿元，增长 3.4%；创意设计服务 19486 亿元，下降 0.2%；文化传播渠道 13128 亿元，下降 1.0%；文化投资运营 504 亿元，增长 3.2%；文化娱乐休闲服务 1141 亿元，下降 14.7%；文化辅助生产和中介服务 16516 亿元，下降 0.6%；文化装备生产 6904 亿元，增长 2.1%；文化消费终端生产 23494 亿元，增长 0.3%。

分产业类型看，文化制造业营业收入 44781 亿元，比上年增长 1.2%；文化批发和零售业 19376 亿元，下降 1.2%；文化服务业 57648 亿元，增长 1.4%。

分领域看，文化核心领域营业收入 74891 亿元，比上年增长 1.3%；文化相关领域 46914 亿元，增长 0.2%。

分区域看，东部地区实现营业收入 91714 亿元，比上年增长 0.1%；中部地区 18269 亿元，增长 5.8%；西部地区 10793 亿元，增长 0.5%；东北地区 1029 亿元，下降 1.0%。[3]

---

1. 国家统计局. 2022 年全国规模以上文化及相关产业企业营业收入增长 0.9%.（2023-1-30）[2023-4-1]. http://www.stats.gov.cn/sj/zxfb/202302/t20230203_1901733.html.
2. 新业态特征明显的 16 个行业小类是：广播电视集成播控，互联网搜索服务，互联网其他信息服务，数字出版，其他文化艺术业，动漫、游戏数字内容服务，互联网游戏服务，多媒体、游戏动漫和数字出版软件开发，增值电信文化服务，其他文化数字内容服务，互联网广告服务，互联网文化娱乐平台，版权和文化软件服务，娱乐用智能无人飞行器制造，可穿戴智能文化设备制造，其他智能文化消费设备制造。
3. 国家统计局. 2022 年全国规模以上文化及相关产业企业营业收入增长 0.9%.（2023-1-30）[2023-4-1]. http://www.stats.gov.cn/sj/zxfb/202302/t20230203_1901733.html.

全国规模以上文化及相关产业企业营业收入调查

	绝对额 （亿元）	比上年增长 （%）	所占比重（%）
总　计	121805	0.9	100.0
按行业类别分			
新闻信息服务	14464	3.3	11.9
内容创作生产	26168	3.4	21.5
创意设计服务	19486	-0.2	16.0
文化传播渠道	13128	-1.0	10.8
文化投资运营	504	3.2	0.4
文化娱乐休闲服务	1141	-14.7	0.9
文化辅助生产和中介服务	16516	-0.6	13.6
文化装备生产	6904	2.1	5.7
文化消费终端生产	23494	0.3	19.3
按产业类型分			
文化制造业	44781	1.2	36.8
文化批发和零售业	19376	-1.2	15.9
文化服务业	57648	1.4	47.3
按领域分			
文化核心领域	74891	1.3	61.5
文化相关领域	46914	0.2	38.5
按区域分			
东部地区	91714	0.1	75.3
中部地区	18269	5.8	15.0
西部地区	10793	0.5	8.9
东北地区	1029	-1.0	0.8

注：
1.表中速度均为未扣除价格因素的名义增速。
2.表中部分数据因四舍五入，存在总计与分项合计不等的情况。

2014 年，文化部联合财政部印发《关于推动特色文化产业发展的指导意见》，首次从国家战略层面对特色文化产业发展进行部署。

2015 年，审议通过的《中共中央关于制定国民经济和社会发展第十三个五年规划建议》中指出文化产业已经成为国民经济支柱性产业，要推动新兴产业蓬勃发展，持续扩大中华文化影响力。

2016 年，随着《关于推动文化文物单位文化创意产品开发的若干意见》的出台，确定了充分调动文化文物单位积极性、加强文化资源梳理与共享、提升文化创意产品开发水平、完善文化创意产品营销体系、加强文化创意品牌建设和保护、促进文化创意产品开发的跨界融合等主要任务。

此后 2017 年到 2019 年国家也相继出台各项指导文件，文件中既总结了近年文化产业发展的理论和实践，也指明了文化产业发展的未来之路。

一、辽宁长城主要文创市场分布

辽宁长城资源丰富，现存战国（燕）、秦、汉、辽、明五个时代的遗存，全长 1295 千米，绵延分布于全省 13 个市。同时，辽宁拥有世界文化遗产 6 处、全国重点文物保护单位 147 处、国家历史文化名城 2 座、中国历史文化名镇 4 个，是中国重要的文化文物大省。

辽宁省委、省政府审议印发《长城国家文化公园（辽宁段）建设保护规划》，设计规划 97 个项目，明确主体项目均在 2023 年底前完成。以弘扬长城精神，赓续长城文化，形成推动长城文化发展的更加广泛的共识，一起保护好中华民族精神生生不息的根脉。

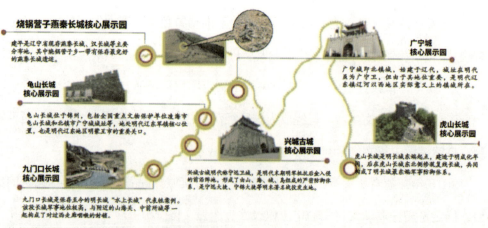

烧锅营子燕秦长城核心展示园（制图董昌秋）

长城辽宁段整体呈 M 状蜿蜒分布，集中体现了古代陆海一体化防御体系的建设成就，但是目前辽宁省长城文化展示与阐释有限，只在各地博物馆中有部分展柜展板，还没有单独的长城展陈场馆。按照《长城国家文化公园（辽宁段）建设保护规划》，辽宁省长城主题的 6 个核心展示园将于近期率先完成，包括丹东宽甸满族自治县虎山长城、葫芦岛绥中县九门口长城、朝阳建平县烧锅营子燕秦长城、锦州凌海市龟山长城以及城址景区类的葫芦岛兴城市兴城古城和锦州北镇市广宁城。并优先开展丹东市东北亚边疆历史文化博物馆、"宽甸六堡"展览馆和葫芦岛市绥中长城博物馆 3 座新建博物馆项目。

"辽宁段长城依据不同地势，采用了砖墙、土墙、石墙等多种材质建造，因此辽宁长城博物馆建设也要体现出辽宁区域特色。"辽宁省博物馆原副馆长由智超认为，可以建设地域性特征更强的专题展示馆和小型展示点。如铁岭开原马市长城就很有特点，这段长城遗址与明代辽东设立的马市连在一起，当时贸易往来活跃，反映出多民族经济文化交流的历史。由智超说，直接与长城相关的文物较少，但是范围可以延伸，要把当地历史传说、文学创作等引入进去，从而得到充分扩展。[1]

二、辽宁长城文创保护及开发规划

2022 年初，辽宁长城国家文化公园建设工作领导小组印发出台《长城国家文化公园（辽宁段）建设保护规划》。到 2023 年，丹东段、绥中段、兴城段、建平段、锦州段五个重点区段的主要建设任务基本完成，各类型长城博物馆、长城风景道、长城标识系统、长城数字云平台等重点任务、重大工程、重要项目基本落地并投入

1. 商越. 辽宁将建 6 个长城核心展示园和 3 座长城博物馆.（2022-01-19）[2023-4-1]. http://news.lnd.com.cn/system/2022/01/19/030287146.shtml.

运营。

整体上，长城国家文化公园（辽宁段）建设保护规划体现两带、四区、多点的布局。

两带：指辽西长城文化带和辽东长城文化带，以辽宁省现存最完整、景观价值最高的明长城为主体，重点展现辽宁地区古代军事防御体系的最高成就，将其打造为国家文化名片——"万里长城"的重要组成部分。

四区：指以虎山长城和内外线堡城为核心的鸭绿江下游长城防御体系展示区、以绥中蓟辽长城交接段和兴城古城为核心的辽西走廊"山海城岛"防御体系展示区、以建平县烧锅营子燕秦长城和张家营子镇汉长城为核心的辽西北早期长城防御体系展示区，以及以北镇广宁城、镇边堡和凌海市龟山长城、大茂堡为核心的军镇核心段防御体系展示区。

多点：指与长城重大历史事件存在直接关联，以及具有文化景观典型特征的多个标志性长城点段、关堡卫所等作为形象标志点。

在建设上主要分为三大阶段：重点建设阶段（2020—2023）、全面提升阶段（2024—2025）、远景展望阶段（2026—2035）。

重点建设阶段（2020—2023）：到 2023 年，丹东段、绥中段、兴城段、建平段、锦州段五个重点区段的主要建设任务基本完成，各类型长城博物馆、长城风景道、长城标识系统、长城数字云平台等重点任务、重大工程、重要项目基本落地并投入运营，助力长城沿线乡村振兴，形成一批可复制推广的成果经验，成为省内长城国家文化公园的样板示范区。

全面提升阶段（2024—2025）：到 2025 年，初步建立长城国家文化公园（辽宁段）管理体制机制，长城国家文化公园（辽宁段）建设实现进一步巩固提升，分级分类的现代化长城文化展示体系基本建成，文化旅游实现深度融合，数字化再现工程在传承展示等方面发挥更大作用，长城国家文化公园（辽宁段）成为彰显中华文化的重要地标，在世界上具有较高的知名度和吸引力。

远景展望阶段（2026—2035）：长城国家文化公园（辽宁段）全面建成，与相邻省份长城国家文化公园实现全域融合。符合新时代要求的长城保护传承利用体系全面建立，长城国家文化公园（辽宁段）全面融入区域社会经济发展全局和当地人民生活，长城精神得到广泛宣传，人与自然和谐共生。

建设完成后，主要体现四类主体功能区，分别为管控保护区、主题展示区、文旅融合区、传统利用区。

管控保护区主要由辽宁省已公布的全国重点文物保护单位、省级文物保护单位的保护范围组成；对于尚未公布保护范围的点段，暂按构筑物基底外扩50米划定。

主题展示区主要由集中展示带、核心展示园、特色展示点三种形态组成，是长城文化遗产展示体验的主要区域，是主题突出、内涵清晰、边界明确、功能完善的公共文化空间。集中展示带可分为辽西丘陵明长城展示带、辽河平原明长城展示带、辽东山地明长城展示带、辽西早期长城展示带、辽东早期长城展示带五类，总长387.63千米，总面积约100平方千米。

核心展示园可分为以丹东宽甸满族自治县虎山长城、葫芦岛绥中县九门口长城、朝阳建平县烧锅营子燕秦长城和锦州凌海市龟山长城为核心的长城景区类，和以葫芦岛兴城市兴城古城和锦州北镇市广宁城为核心的城址景区类。辽宁共规划建设100个特色展示点，包括单体建筑、关堡、相关遗存等不同类型。

文旅融合区主要由主题展示区及其周边就近就便和可看可览的历史城镇、传统村落和自然生态、现代文旅优质资源组成，形成21个文旅发展示范区。重点利用长城文物和文化资源外溢辐射带动效应，通过"连点、成线、建网"，成为实现乡村振兴的核心引擎，助推长城所在地经济社会可持续发展。

传统利用区主要由城乡居民和企事业单位、社团组织的传统生活生产区域，以及当地居民生产生活所必需的公共管理与公共服务用地、特殊用地和交通运输用地组成，是长城国家文化公园的支撑服务区。

其中，重点区段建设主要包括绥中蓟辽长城交会段、兴城古城"山海城岛"体系、丹东虎山段、建平早期长城核心段、锦州龟山段。

绥中蓟辽长城交会段以锥子山—九门口—小河口长城为核心，包括李家堡乡、永安堡乡、前所镇相关行政村，总面积约 420 平方千米。该项目段加强对前所城东墙、西墙及将军石摩崖石刻等保护和展示，重点推进绥中长城博物馆项目、前所古城基础设施改善项目、锥子山长城景区和小河口长城景区旅游公共服务设施建设项目，完成辽西长城国家风景道建设。

兴城古城"山海城岛"体系以兴城古城为核心，包括兴城市城区、菊花街道、白塔满族乡、元台子乡，南票区大兴乡、虹螺岘镇和连山区寺儿堡镇等相关行政村，总面积约 520 平方千米。该项目段在营城子城、"海防五城"考古勘探、发掘基础上开展遗址的保护和展示工作，重点推进兴城古城环境整治和基础设施改造项目、连山区长城文化和旅游复合廊道建设项目，完成辽西长城国家风景道建设。

丹东虎山段以虎山长城遗址为核心，包括长城沿线虎山镇、长甸镇、永甸镇、宽甸镇、青椅山镇、九连城镇、楼房镇、爱阳镇等相关行政村，总面积约 330 平方千米。该项目段对赫甸城城址、爱阳城遗址等堡城遗址实施修缮，对虎山长城 3 段墙体及江沿台堡、赫甸城城址、九连城城址等重要堡城遗址实施环境整治和展示，重点推进东北亚边疆历史文化博物馆建设项目、"宽甸六堡"展览馆建设项目，完成长城旅游风景道建设。

建平早期长城核心段以张家营子城址及烽火台为核心，包括长城沿线烧锅营子乡、张家营子镇和老官地镇等相关行政村，总面积约 545 平方千米。该项目段加强建平燕长城和汉长城的日常保养维护和监测工作，重点推进建平县烧锅营子长城景区旅游公共服务设施建设项目，完成长城风景道骑行段建设。

锦州龟山段以凌海市龟山长城和北镇市广宁城城址为核心，包括凌海市板石沟乡、温滴楼乡，义县大定堡乡，北镇市区、大市镇、正安镇等相关行政村，总面积约 590 平方千米。该项目段加强北镇市广宁城城墙、大市镇边堡及义县南树林子长城等遗址保护及展示，建设凌海市龟山长城遗址公园和大茂堡文旅融合景区，打造以长城烽燧文化为基础的医巫闾山文旅融合发展示范区，完成长城旅游风景道建设。

总体上，辽宁作为长城资源丰富的省份，建设长城国家文化公园有着得天独厚的优越条件。辽宁境内长城因其建造年代之早、边镇排序之前、防御责任之重，坐拥明长城东端起点，在中国历史上有着特殊的重要地位，并获得"九边之首"的美誉。

在年代上，长城辽宁段现存战国（燕）、秦、汉、辽、明五个不同时期的长城遗存。在长度上，长城辽宁段燕秦长城总长度为107.518千米，明长城总长度1235.989千米。在跨度上，长城辽宁段涉及丹东、本溪、抚顺、铁岭、沈阳、辽阳、鞍山、盘锦、锦州、阜新、朝阳、葫芦岛和大连等13个地级市。在资源认定上，长城辽宁段资源点段认定数量位居长城沿线15个省（自治区、直辖市）中第五位，规模庞大。有着长城文化资源开发空间。[1]

引导公众尤其是年轻人参与长城文化建设。辽宁长城博物馆还有很多拓展空间，比如组织开展大型长城宣传保护活动，举办各类长城专题展览，举办长城公开课、长城主题夏令营，建立长城研学游基地等。采访中，多位专家表示，丰富多彩的活动可以引导公众感知长城文化和辽宁文化，还可以通过招募文物保护志愿者与讲解员、聘用长城保护员，凝聚社会力量，引导公众参与长城保护。

在创新展示长城文化方面，我国各地有哪些先进做法值得借鉴呢？山海关、嘉峪关、八达岭都有长城博物馆，目前正在思考如何提档升级的问题。八达岭长城景区推出了"首席数字导览官"和"少年使者"研学体验活动，加入全新时尚元素的游览体验，很受青少年喜爱。

"首席数字导览官"又名"实景数字博物馆"，是一种全域性的数字博览系统，游客佩戴导览设备，每走到一个打卡点，导览系统就会自动弹出讲解知识点界面，

1. 朱柏玲. 揭秘长城国家文化公园（辽宁段）建设保护规划. https://baijiahao.baidu.com/s?id=172251650705877 2541&wfr=spider&for=pc.

讲解切合长城的实地实景文化，增强游客对长城文化的深度体验。

"少年使者"则是专门为青少年设计的，通过探索手册、任务地图、探索任务等，让青少年以探索发现的形式到预定地点打卡，完成"规定动作"，并由多年行走长城的保护员、志愿者，为孩子们讲解不一样的长城，学习修复长城知识、宣讲保护长城理念后，孩子们可以得到身份勋章和官方证书，激发好奇心与学习兴趣，增强对长城文化遗产保护的责任和意识。

"要建好玩的博物馆，不仅仅让人看，还要让人愿意来玩。"董耀会告诉记者，现在数字技术已经很先进，可以做很多内容，还有研学游等深度体验项目，让孩子们拥有记忆一辈子的长城体验。

如何着眼年轻群体的体验习惯，拉近长城与年轻人的距离，让他们汲取来自中华民族传统文化根脉的养分，让长城在当代年轻人的生活中活起来、火起来，可以做的工作还有很多。

三、辽宁长城文创网络各平台消费情况

整体政策层面上，辽宁长城文化的开发与规划在有序进行。而辽宁长城文创的网络端"早有蜻蜓立上头"。

辽宁长城文创依托各网络电商平台，向全国乃至全世界传播。接下来以三大类平台中代表性平台为对象，初步观察辽宁长城文创在三大平台的消费情况。

三大平台分别为网络实物消费平台，以淘宝为例；网络实地旅行消费平台，以美团、携程为例；网络虚拟视音频等消费平台，以抖音、优酷为例。

（一）网络实物消费平台的辽宁长城文创情况——淘宝

淘宝网是阿里旗下综合零售商圈，是亚太地区较大的网络零售商圈，由阿里巴巴集团在 2003 年 5 月创立。淘宝网是中国深受欢迎的网购零售平台，拥有近 5 亿的注册用户数，每天有超过 6000 万的固定访客，同时每天的在线商品数已经超过了 8 亿件，平均每分钟售出 4.8 万件商品。

2016 年 3 月 29 日，在杭州召开 2016 年度卖家大会，阿里巴巴集团 CEO 张勇在会上为淘宝网的未来明确了战略：社区化、内容化和本地生活化是三大方向。

淘宝网充分赋予大数据个性化、粉丝、视频、社区等工具，搭台让卖家唱戏。利用优酷、微博、阿里妈妈、阿里影业等阿里生态圈的内容平台，紧密打造从内容生产到内容传播、内容消费的生态体系。

根据用户的需求，除了进行中心化供给和需求匹配，并形成自运营的内容生产和消费传播机制以外，还会基于地理位置，让用户商品和服务的供给需求能够获得更好的匹配。

淘宝网是文创产品消费所依托的重要平台。尤其是实体文创产品消费。淘宝平台关于辽宁长城文创，总体上开发得较多的当属九门口长城。售卖较多的为九门口长城标识的生活物品。

此处"辽宁长城"为关键词搜索，得出商品 336 个，除去重复性商品，及以长城为书籍名称等无效商品，得出有效商品 42 个。以辽宁为发货地的有效商品 9 个。其中非辽宁发货地的文创商品主要以旅游团、书籍为主。以辽宁为发货地的商品主要以文具、穿戴文创为主。整体上文具销售量相对较大，其余商品销量相对较小。总体以满足物质需求为主，文化需求为辅。复制性商品较多，创意性相对不足。如下代表性销售截图：

大家印象：纸张厚度精准(5)　很便宜(2)　卖家发货很快(8)　质量看着很好(10)　厚实展刚好(3)
顺丰快递老快(2)

淘宝网上以辽宁为发货地的商品分类

¥16.80 包邮　　　　　78人付款

金翎长城田字格幼儿园汉语拼音田字格小算
草小楷本英文方格本小学

沈阳天来文具　　　　辽宁 沈阳

¥2.00 包邮　　　　　25人付款

2726雕刻图北京精雕JDP灰度图BMP电脑
浮雕图长城打包浮雕图

tb324178460　　　　辽宁 阜新

全部　好评　中评　差评　　　　　　　　最近评价

芬***宝（匿名）　评价方未及时做出评价,系统默认好评!
2023年04月04日 11:19

统***你（匿名）　评价方未及时做出评价,系统默认好评!
2023年04月03日 22:21

w***g（匿名）　评价方未及时做出评价,系统默认好评!
2023年03月27日 19:32

大***玺（匿名）　评价方未及时做出评价,系统默认好评!
2023年03月25日 21:27

淘宝网上以辽宁为发货地的本子、浮雕图评价情况

相对而言，文具类近一个月市场消费较多较频繁，但受众互动性不强，多数默认好评，受众未作出评价。

¥47.50 包邮　　　　　　1人付款

钰书房新款微景观模型摆件鱼缸装饰配件微
景观 长城门城墙枯山水

盛京小王爷　　　　　　辽宁 沈阳

以辽宁为发货地的长城造型的鱼缸装饰配件

¥38.00　　　　　　0人付款

【七星境文创】辽宁特色冰箱贴葫芦岛九门
口水上 长城地标打卡文旅

七星境文化创意　　　　辽宁 沈阳

以辽宁为发货地的九门口长城造型的冰箱贴

¥1.71 包邮　　　　　　1人付款

长征红军过草地抗日 长城人物石雕壁画红色
记忆红军战士浮雕图战争

每天每分每秒都幸福　　辽宁 沈阳

以辽宁为发货地的长城造型相
关的壁画

以辽宁为发货地的长城图案邮票

（二）网络实地旅行消费平台的辽宁长城文创情况——美团、携程

1.美团平台的辽宁长城文创消费情况

美团是以生活消费、文旅为主的城市购物平台。在美团上搜索辽宁长城，主要出现与辽宁长城有关的文旅信息。其中热门的仍然为辽宁几大长城景区，如虎山长城、九门口长城、兴城古城等，以下为各长城美团平台消费情况介绍及截图（截至2023年4月30日）。

（1）九门口长城美团平台消费情况

九门口长城美团平台展示出1个短视频，38张景区图片。3.9评分，1485条评价。好评主要在环境方面，差评主要在周边服务等。

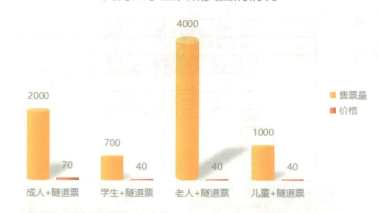

九门口长城美团消费情况

九门口长城美团平台首页

九门口长城美团评价

九门口长城美团商家画册

九门口长城美团销售数量

（2）虎山长城美团平台消费情况

虎山长城美团整体评分为 4.6 分，销售量为"1000+"，全部图片 39 张，2876

条评价。对环境评价较好，减分点主要针对票价、服务、内容体验等几大方面。疏于评价文创内容，历史等方面。整体上，消费者体验相对停留于感官层面。

虎山长城美团平台首页　　　　虎山长城美团商家画册

虎山长城美团评价　　　　虎山长城美团销售数量

（3）兴城古城美团平台消费情况

兴城古城美团销售三种票类，成人票70元起，已售"1000+"；学生及老人票 50 元起，美团已售"400+"。评价 4 分，4900 条评价，好评比较集中于闹市中一处对比明显的历史文化风景，差评在于其商业化。表达了消费者对文化底蕴的期待。

兴城古城美团平台首页　　兴城古城美团销售数量

兴城古城美团商家画册　　兴城古城美团评价数量

兴城古城美团"认真评价"　　　　兴城古城美团"普通评价"

2. 携程平台的辽宁长城文创消费情况

携程平台主要以出行购票及相关产品为主。辽宁长城在携程平台上，相对较热门的还是几处开发相对成熟的热门景点虎山长城、九门口长城等。

但整体上携程平台相较美团，更加注重文旅体验，对长城文创商品推荐方面也有一定的关照。

（1）虎山长城携程平台消费情况

首先，相较之前美团平台，携程平台对消费体验关照得更加细致。除了有图片、视频展示外，还有较详细的文字介绍，尤其关于长城历史文化，景区的文化体验介绍等。且有关于服务设施的具体说明，包括文创纪念品商店地点，以及景区游玩人性化的必看贴士。特别设置了用户问答，使得消费准备更加充分，消费者之间，以及消费者与文化场所之间均有交流互动。

其次，用户点评量大，且好评率相对美团要更高。点评分类类似淘宝点评环节，相对分类较细致。好评率较高，占90%，主要集中于景观和文化体验。差评

17条，主要体现在门票、停车、部分内容封锁没有办法体验几个方面。具体为全部（1117），视频/图片（394），好评（1008），只看笔记（29），只看点评（1088），消费后评价（637），差评（17），是中国长城的最东段起点（61），长城选址虎山（36），丹东虎山长城挺漂亮的（30），西侧不与任何城墙相连（15），还有对岸朝鲜的建筑物（14），很适合小朋友体验游乐（10）。

再次，对长城文化消费体验关照较人性化。对特殊文化意义景点消费方式介绍较活泼，"栈道走下来到达江边，这里是景区内又一个有名的景点'一步跨'，这里是中国距离朝鲜很近的地方，仅有几米，当地人夸张的说法为一步便可以跨过去。这里有写有'一步跨'字样的石碑，可以在此合影留念。此处还有人租赁朝鲜族服装以供拍照，有兴趣可以在此咨询"。

同样地，对长城文创商店介绍较详细。"从'一步跨'返回景区门口，附近便是长城历史博物馆，这座博物馆是我国继八达岭、山海关、嘉峪关之后的第四座以长城为主题的博物馆。这里展示的多为本地出土的当年明军守城留下的遗物，有陶器、生活用具、城砖等，里面还有以长城为主题的大型油画、雕塑和光电展示，可以前去参观。"帮助消费者提升文化体验。

对虎山长城携程平台消费情况的调研，我们可以发现，一定程度上，文创消费介绍相对图片及视频，文字介绍是必不可少的，甚至是至关重要的，因为消费者

携程平台虎山长城展示首图及评分

可能在无文字介绍的情况下，不能从直观媒介中，甚至自然景区中，感受到文化内涵，需要配合文字及文创设施，实现对其文化的深刻体验。这也许是长城文化发展的重要一环。

携程平台虎山长城内容介绍（主要关于文化介绍及长城历史博物馆相关介绍）：虎山长城位于丹东市东北鸭绿江畔，是明长城的较东端，现在的长城是 1992 年在原址上修筑的，有城楼、长城、古栈道、睡观音等多个景观，景区内还有一座长城历史博物馆可以参观。整个景区与朝鲜隔江相望，可以在山上看到对岸朝鲜的村庄和人民生活的场景，还有"一步跨"景区和朝鲜相隔仅有几米，游客可以在此拍照留念。这里的长城长约 1250 米，沿长城而上栈道下来全程两三千米，可以步行游览。

首先，在景区山脚大门之外遥望虎山，在山岭之间长城绵延其中已经清晰可见。这里看虎山的全貌，很像一座睡着的观音，这也是景区的一个景点——睡观音。

进入景区后便是景区广场，也是爬长城的起点。沿着过街城楼进入长城，一路上行，会看到 12 座城楼，每座都气势恢宏，还可以进入观察内部细致的建筑。长城顶端的烽火台就是虎山的高处，登上这里视野开阔，可以看到对岸朝鲜的土地，还能看到对岸人民的生活作息，远眺到"朝鲜八大景"之一的朝鲜统军亭。

经过烽火台之后便来到景区的古栈道，这条栈道大约有 1000 米，沿着虎山靠江边的石壁修建，其中还有吊桥、水帘洞等特殊路段，沿陡峭栈道下山，脚下便是滔滔鸭绿江水，十分惊险刺激，行走在此要特别小心。不过此处视野也较为开阔，眼前都是朝鲜的村落和土地。

服务设施

园内交通： 参考价格：10元/人；地址：售票窗口处；景区提供观光车服务，售票窗口处购票，观光车收费标准，往返10元/人

卫生间： 景区卫生间分别在景区入口，博物馆电瓶车乘降站，游客服务中心

纪念品商店： 文创商品纪念品商店，景区出口处

必看贴士

1. 烽火台下山的古栈道陡峭惊险，下山要当心，建议结伴而行，年老体弱，行动不便者不建议攀爬栈道。
2. 虎山紧邻国界线，两边均有士兵守卫，不要做试图跨越国境线或其他会被误会的行为，以免引起麻烦。

用户问答   更多

虎山长城旅游线路问题咨询（暂无回答）

从虎山长城怎么回到丹东回车站啊（2个回答）

下午4点到丹东，第二天4点离开，想上午九点去抗美援朝纪念馆，其余时间去断桥，虎山长城，锦江山公园怎样（2个回答）

💬 我要提问

携程平台虎山长城关于文创纪念品商店及景区服务介绍

用户点评(1117)   ✎ 写点评

4.6/5分

全部(1117)　视频/图片(394)　好评(1008)　只看笔记(29)　只看点评(1088)　消费后评价(637)　差评(17)
是中国长城的最东段起点(61)　长城选址虎山(36)　丹东虎山长城挺漂亮的的(30)　西侧不与任何城墙相连(15)
还有对岸朝鲜的建筑物(14)　很适合小朋友体验游乐(10)

                                                          智能排序　时间排序

 😊5分 超棒

EESH　值得一看的明长城起点，爬到一半即可俯瞰朝鲜新义州的农场和勤劳的朝鲜人民，长城炮楼保养的也很好，视野很不错。
门票小贵到还行，公交车时间是假的，等一个小时都不会来，自由行要想好回程方案。

2023-02-14 IP属地：辽宁   👍点赞

虎山长城携程平台用户点评数量及点评情况分布

（2）九门口长城携程平台消费情况

相对于虎山长城，九门口长城文化消费数量及评分均表现得更低。从必看贴士和问答环节可以看出一些原因。主要受文化服务及周边人文风气影响。用户点评的具体数量分布为：全部（316），视频/图片（123），好评（202），只看笔记（18），只看点评（298），消费后评价（67），差评（61），是明代长城的重要关隘（18），是历史上著名的一片石（15），筑起规模巨大的过河城桥（9），是水上长城（6），

其南端起于危峰绝壁间（6）。

九门口长城未显示文创消费品店。虽然文字介绍同虎山长城介绍同样详细，但是文化体验包括文创产品消费环节的缺失，使得受众差评率较高。

从上面两处长城文化消费情况，可以得出，文化是长城景观的生命，长城文化及周边人文精神，共同构成长城文创的重要部分。

携程平台九门口长城展示首图及评分

携程平台九门口长城内容介绍（主要关于长城文化旅游相关的导览）：九门口长城位于绥中县郊，地处辽宁与河北两省交界处，它始建于北齐，扩建于明初（1381）。它与南部山海关方向的长城相接，并一直向北延伸到九江河，然后筑起一段100多米的巨大跨河城桥，因城桥下有九个泄水城门而得名。在这里，你可以站在城桥上参观这座独特的古代军事要塞、进入长城隧道探寻建在洞中的军事设施，还可登上山脊上的长城遗址远眺四方，群山、城墙、烽火台组成的风光甚是雄伟。

参观长城隧道和城桥以及爬长城是九门口长城景区的游玩亮点，一般花半天时间游玩足矣。进入景区往城桥方向走，可根据指示牌先去参观长城隧道。隧道全长1000米，出口直通长城外，是由明朝大将督建的，目的是让士兵秘密绕到敌后去袭击。如今在隧道里可以见到练兵房、伙房、指挥室、兵器房等石室设施，景区还在内布置了一些铜人士兵，还原了古时的场景。

参观完隧道需原路返回来到过河城桥，通过台阶走上宽阔的城桥，可以看到巨大的水牢和通道两侧的垛口，而九江河水从脚下的门洞缓缓流过。这座高大坚固的城桥既是过河桥又是长城城墙的一部分。这座水上要塞是关内外的重要门户，1922—1924年，直奉两系军阀在此进行过厮杀。

过了城桥继续往山上走，即是类似于八达岭那样的长城城墙，顺着山脊延绵不绝。景区里的这段长城已被修复，所以可以踏实地走在这坚固的石道上，还可以走进几座敌楼去看看。不过由于长城年代久远而且经历数次战火，所以远处的"野长城"早已是残垣断壁，就不能走过去了，只能远眺着这些静静躺在山脊上的历史创痕。

景区内还有珍禽观光园、慈恩寺等小景点，丰水期时还可在九江河上划船。此外，九门口长城景区离绥中东戴河旅游区不远，离秦皇岛、山海关也比较近，一般可与这两地一起游玩。尤其是5—9月间，来这一带的海滩走走，再去爬爬长城，非常惬意。

必看贴士

1. 据不少游客反映，景区内外可能会遇到僧人请游客去上香，请不要轻信，否则可能会被骗去不少钱。
2. 景区内有卖当地人自家种植的瓜果，价格不贵，味道不错，可以尝尝。
3. 在当地打的要提前与司机谈好价格，尽量不要坐黑车，以免被宰。

用户问答　　　　　　　　　　　　　　　　　　　　　　　　　更多

九门口水上长城可以带狗狗吗（2个回答）

5岁的小朋友需要门票吗（2个回答）

关于从山海关到九门口长城的交通问题（4个回答）

我要提问

携程平台九门口长城文旅过程中的服务贴士等信息

（三）网络虚拟视音频等平台辽宁长城文创消费情况——抖音、优酷

2022年《中国网络表演（直播）行业发展报告（2021—2022）》（以下简称《报告》）发布。《报告》显示，2021年我国网络表演（直播）行业市场规模达1844.42亿元。

据《报告》数据，主播和用户方面，截至2021年12月，我国网络表演（直播）行业主播账号累计近1.4亿个。一年内有过开播行为的活跃账号约1亿个，2022年上半年，新增开播账号826万个。截至2022年6月，曾在直播场景下有过任意付费（打赏和直播购物）的用户账号累计约为3.3亿个。视频及短视频领域直播已经成为撬动市场的重要动力。[1]

1. 抖音平台的辽宁长城文创消费情况

抖音平台的辽宁长城文创消费情况

视频名称	发布者	时长	点赞排名	点赞数	评论量	转发量
九门口长城位于辽宁绥中，世界文化遗产，旅行的好地方。	二哥远足	1分13秒	1	7338	469	682
距离鞍山最近的长城，你去过没？	旅游人乐哥	49秒	2	4210	332	831
目前已经有部分地方的教材将长城起点修正为虎山长城了。	无聊的知识	28秒	3	4140	36	89
第2集|你知道吗？在锥子山上有一个三道长城交会的地方，这在万里长城中是绝无仅有的，从三个方向来的长城犹如三条巨龙盘旋齐聚于一山，形成了锥子山长城独一无二的"三龙聚首"景观。	疯人远	35秒	4	3364	287	361
你上过长城吗？没上过的可以来这里#鞍山#长城#网红打卡地。	大风哥探店	16秒	5	2942	560	890
第37集|欢迎大家来辽宁丹东哦！有意思但是累！哈哈。	韩国橘子欧尼	1分38秒	6	2690	157	44

---

1. 2021年直播市场规模超1844亿元_垂直频道文旅中心文创频道_北京商报_财经传媒集团. https://www.bbtnews.com.cn/2022/0810/447347.shtml.

视频名称	发布者	时长	点赞排名	点赞数	评论量	转发量
从锦州出发往绥中方向200公里，有一处长城遗址，能欣赏到云海，非常壮观，自然森林结构完整，景色宜人空气新鲜。值得一游。	LeveL-拍摄者	1分	7	2687	461	111
咱抚顺也有长城，而且还挺老长的。#抚顺#长城#烽火台@逛吃咱抚顺。	哎呀我抚顺	41秒	8	2433	159	116
#带你看古长城。	皖君	1分55秒	9	2291	48	412
这里有2300年前辽宁地区最早的长城。#旅行推荐官#历史古迹#文化旅游#辽宁旅游热门榜。	高大美	37秒	10	2028	193	113

前十条长城相关文创视频，均为旅行推荐，十条中有九条为网红出镜推荐，其中八条为现场直播或录播，十条全部有配乐、音效。

关于长城的历史文化介绍相对清晰详细的为虎山长城、九门口长城及锥子山长城。在抖音网红推荐内容中，主要集中于历史文化的独特性。

评论受主播内容表达倾向、风格等影响。突出历史的主播相对评论内容偏历史、文化；偏重旅行的主播，其视频评论内容相对偏打卡、旅行、娱乐。因此主播的内容及风格对评论具有一定的引导作用。

如点赞排名第1和第6的两个短视频（截至2023年4月6日）。分别来自"二哥远足"及"韩国橘子欧尼"账号。

（1）"二哥远足"关于九门口长城文旅介绍

"二哥远足"主要倾向于历史地理、历史文化等，其代表性评论有"用户5717762623545在评论区回复道：'得到二哥点评方知：宁古塔最初在现在牡丹江的海林市，后期搬到宁安县。'"以及截图中的评论。

抖音平台"二哥远足"关于九门口长城的介绍、点赞、转发、评价情况

抖音平台"二哥远足"关于九门口长城地理介绍及评价情况

（2）"韩国橘子欧尼"关于虎山长城文旅介绍

"韩国橘子欧尼"的视频主要关于虎山长城的爬行体验、风景等。主要评论关于主播导游的地点以及主播吃的零食、着装等。

抖音平台"韩国橘子欧尼"关于虎山长城文旅介绍及评价情况

2. 优酷平台的辽宁长城文创消费情况

优酷于 2019 年 1 月 18 日，发表题为"破除喧嚣、回归本心"的声明，宣布即日起关闭前台播放量，据悉，旨在破除流量喧嚣，回归内容本心，营造更加良性的产业环境。

收视率、播放量并不能全面反映影视节目的社会价值，一部文艺作品的影响力和导向意义，更不能以这样一个简单的指标来衡量。关闭前台播放量显示后，优酷平台上以热度指数代替原有的播放量指标。而热度指数反映的是当前内容在优酷平台受欢迎程度，通过计算用户在优酷全平台的多维度用户行为（如连看、拖拽、收藏、弃剧等）数据而得出，力求得到最真实的刻画数据。此外为了保证数据的客观公平，优酷还利用大数据和人工智能修正非正常观看行为可能造成的误差。

优酷平台的辽宁长城文创消费情况

播放量排名	主体	题目	主要内容	时长	发布时间
1	辽宁卫视	巨型玉雕"万里长城"在辽宁岫岩竣工	巨型玉雕工艺及价值介绍	2分20秒	2020年
2	诺儿爸bj	航拍辽宁锦州北镇市团山沟段长城遗址	主要以航拍风景为主，配以音乐渲染情感	4分42秒	2020年
3	诺儿爸bj	长城系列之十 辽宁绥中锥子山长城	主要以航拍风景为主，配以音乐渲染情感	4分27秒	2017年
4	诺儿爸bj	航拍辽宁绥中九门口长城	主要以航拍风景为主，配以音乐渲染情感	5分51秒	2018年
5	诺儿爸bj	绥中正冠岭长城	主要以航拍风景为主，配以音乐渲染情感	5分51秒	2018年

（1）优酷平台辽宁卫视节目——巨型玉雕"万里长城"在辽宁岫岩竣工播放量第一

优酷以"辽宁长城"为关键词搜索，排名第一的是"巨型玉雕'万里长城'在辽宁岫岩竣工"（截至2023年4月7日）。"它是中国乃至世界目前形体最大的玉雕长城。""它代表了当今中国玉雕工艺的最高水准。"

优酷平台辽宁卫视节目——巨型玉雕"万里长城"在辽宁岫岩竣工

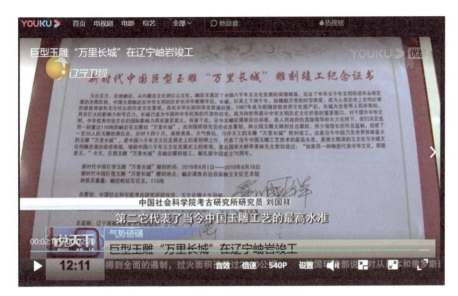

优酷平台辽宁卫视节目关于巨型玉雕"万里长城"特征介绍

（2）优酷平台"诺儿爸 bj""航拍辽宁锦州北镇市团山沟段长城遗址"播放量第二

优酷平台关于辽宁长城排名第二（截至 2023 年 4 月 7 日）的是作者"诺儿爸 bj"的"航拍辽宁锦州北镇市团山沟段长城遗址"，采用音乐配合视频画面的形式。以视觉效应获得受众关注，形成一种恢弘大气、广袤天然的壮观景色。

优酷平台关于辽宁长城播放量第二的视频

（3）优酷平台"诺儿爸 bj""航拍长城系列之十　辽宁绥中锥子山长城"播放量第三

优酷平台关于辽宁长城播放量排名第三（截至 2023 年 4 月 7 日）的仍然是上一位作者"诺儿爸 bj""航拍长城系列之十　辽宁绥中锥子山长城"，其以音乐配合视频画面的形式呈现。以视觉效应获得受众关注，形成一种恢弘大气、广袤天然的壮观景色。第四位、第五位仍然是同一位作者航拍制作的作品"绥中九门口长城"及"绥中正冠岭长城"。前十位中有八位是同一作者"诺儿爸 bj"航拍的辽宁各地长城视频。"诺儿爸 bj"优酷号上专门发布各地长城视频，于 2019 年 10 月发布195 个，2019 年 7 月发布 24 个，共 219 个长城短视频。共 400 粉丝，1330 获赞量。以下截图为"诺儿爸 bj"优酷号上发布情况，以及依次发表的长城短视频截图情况。

优酷平台"诺儿爸bj"的"航拍长城系列之十　辽宁绥中锥子山长城"

优酷平台"诺儿爸bj"的"航拍长城系列之154 航拍辽宁绥中九门口长城"

优酷平台"诺儿爸bj"的"航拍辽宁绥中正冠岭长城云海（上）"

（4）辽宁长城文创消费需求整体表现为三个特征

首先，从时间性需求来看，辽宁长城文创需求整体以短时性需求为主。如对自然文旅景观的临时及特殊需求，一般以单次消费体验为主。对实体性文创产品临时消费的需求，对虚拟文创的临时性视觉消费体验的需求，对现场演绎等临时性消费体验的需求。而对文化的需求表现得不明显。

但是消费是与环境互动形成的。消费环境有培养消费行为的作用。文创内容是消费环境中最重要的部分，具有培养消费行为的作用。因此，也可以看出，具有文化价值的内容，是当下较稀缺的。即提高消费内容的文化价值，提升文化体验，是平衡长城文创的短时消费和长时消费的重要途径。

其次，从软硬性需求来看，目前对长城文创的硬性需求仍然占据主导地位。例如体会长城景观壮美的文旅需求，多于对长城文化精神了解的需求；购买带有长城图案的文具、家居用品等的需求，多于对长城文化精神了解的需求。消费长城影视类虚拟文化产品，也以了解历史知识为主，多于对历史背后的文化精神了解，包括对家国概念的现代意义的探求，从中华优秀传统文化的视角体会发生在长城内外的故事背后的哲理；用红色文化精神创新理解长城文化的时代内涵。

再次，从内容领域性需求来看，目前对长城文创的文旅需求仍然占据主导地位。

从评价中可以看出，一些旅行者，将长城文化旅行同等于名山大川一样看待。一些游客因对长城一部分封闭表示不满，一些游客对长城停车体验等表示不满。这些消费心理都可以理解，但是也可以看出一些游客对长城景观的追求大于对文化的追求，对长城文化旅游的心理大于对长城保护的理解。

四、辽宁长城文创分类及特征

目前我国长城文创整体表现出三种类别。实体文创、虚拟文创以及虚实结合文创。三种文创有着天然的联系，不能截然分开，以其主要特征，将其进行归类，便于理解和开发。

每个地区长城文创均受其主观及客观因素影响。长城客观上保存情况、历史渊源、现代保护及文创开发等因素，均会影响到其文创类别的体现。

为了相对全面展现辽宁长城文创类别，此处以全国现有的主要类别对辽宁文创进行概述，这样可以更全面地涵盖辽宁文创的种类。

（一）实体文创主要内容及基本特征

实体文创主要包括辽宁长城雕刻类文创，如辽宁岫岩满族博物馆中国巨型玉雕"万里长城"、长城葫芦烙画等；辽宁长城信邮类文创，如丹东虎山长城＆绥中九门口长城邮票、明长城九门口长城明信片等；辽宁长城生活产品类文创实践，如"长城笔筒"、长城花圃等；辽宁长城 IP 类文创，如"长城寻迹"系列主题 IP"望辽"。

实体类文创其优点主要表现为直观化、生活化、艺术化，一些小巧的实体文创易于保存、携带、摆放展示，与生活融合性较强，持续性相对较强。

但由于物质的信息属于隐性的，非直观的表达，因此在传播中，其意义表达可能会受接收者认知背景及接收环境影响比较大，用传播学者麦克卢汉的分类来划分，需属于冷媒介类——信息的接收者需要用心用力才能更好地解读理解信息内容。相对而言，影视媒介倾向于热媒介类，接收者不需要太多逻辑思维的参与，直观感受即可实现对信息的接收和理解。

（二）虚拟文创主要内容及基本特征

虚拟文创主要包括辽宁长城文化宣传片，如锦州长城宣传片《古长城》；辽宁长城文化纪录片，如辽宁卫视《我家住在九门口》、央视"长城内外"；辽宁长城电视综艺节目，如长城综艺节目《长城长》；辽宁长城舞台剧及二人转，如长城舞台剧等；网红打卡辽宁长城，如抖音、快手短视频平台等；辽宁长城画展及其他。

虚拟类长城文创的优点主要表现为想象性、艺术性高，传播力强。由于视频音频等平台的传播力、交互性等优势，虚拟类长城文创在传播的同时，也有一定的示范作用，网红之间相互感染及模仿，形成长城文创传播的裂变式增长。但虚拟类长城文创也因为其对平台的依赖性，平台的脆弱多变性，影响到其相关文创作品带有天然的易逝性。

（三）虚实融合文创主要内容及基本特征

虚实融合文创主要包括辽宁长城现场直播互动，如央视 2021 年《直播长城》九门口长城 & 虎山长城；辽宁长城新媒体现场体验式文旅，如长城博物馆现场 VR ／ AR 文化体验；辽宁长城非现场 VR 体验文旅，如移动 VR 长城空间体验等。

虚实融合文创的优点主要表现为全息性，虚拟拓展实体表达的时空限制，实体部分突破虚拟的在场感、体验感缺失，以其全息性特征，实现在场感、艺术性及想象力的全面融合。同时由于其在场感、体验感、消费记忆持续长久等特征，构成了其市场拓展性强的物质。因此，虚实融合类长城文创生命力旺盛，虚拟促进实体、实体带动虚拟在各种空间的存在与延伸。

当然虚实融合由于其条件性强，形成了其天然的缺点。如现场体验使得对场景依赖较强；通过平台媒介等与受众连接导致其对平台媒介依赖性强；由于其要求受众在场及全身心投入，所以其对消费时间、对消费身体要求（在场），以及对消费形式均有要求。

第三章 辽宁长城实体文创实践

对文创的认识和定义始于物，这种具体的文创感知伴随人们多年，如工艺品、书籍、文具、首饰等。辽宁长城实体文创通过线下和实物展览的方式拉近了大众与长城之间的距离，展现并弘扬了长城优秀传统文化与中华传统技艺。如何依托长城深厚的文化积淀，提高实体文创的工艺水平，延续辽宁长城实体文创的精妙巧思，还需要更好地理解长城文化的价值核心，进一步把握好产品设计与市场需求，才能再造辽宁长城实体文创的辉煌。

一、辽宁长城雕刻类文创实践

辽宁长城雕刻类实体文创以展现和弘扬长城精神、民间传统技艺为核心，以打造长城文创精品和特色为目标，力求在文创产品中融入辽宁地方特色，提升长城文创的文化内涵与观赏价值。尤其是辽宁长城文创对传统雕刻技艺的发扬，既避免了长城文创产品的过度商业化，以及对雕刻素材的过度加工、修饰，将对文创产品艺术性的解读与长城精神内核恰当融合，也避免了对大众造成对中化优秀传统文化的误导。

（一）辽宁岫岩满族博物馆中国巨型玉雕"万里长城"

辽宁岫岩中国巨型玉雕"万里长城"是目前世界上最大的玉雕长城艺术品文创，现展出于辽宁省鞍山市岫岩满族自治县的雨桐玉文化博物馆之中，是该馆的镇馆之宝。它是由采自辽宁省鞍山市岫岩满族自治县的哈达碑玉石矿原体雕刻而成，整块玉石重达 118 吨、长近 6.5 米、高逾 3 米、厚近 4 米。

辽宁岫岩中国巨型玉雕"万里长城"

作为中华传统玉文化与万里长城文化两大传统文化的结合之作，这块巨型长城玉雕于 2018 年 9 月在辽宁岫岩开始设计并着手雕刻，工期近一年之久。2019 年 9 月完工之时，它也被作为庆祝新中国成立 70 周年的献礼。

辽宁雨桐玉文化博物馆展出的中国巨型玉雕"万里长城"

这块长城玉雕在辽宁雨桐玉文化博物馆中展出时，玉雕大师们还用岫岩玉精雕细刻出"中华民族大团结"主题的玉雕图谱，图谱上描绘了五十六个民族最具特色的生产生活方式以及风情习俗场景，环绕在巨型玉雕长城展厅四壁，展现出在中华民族悠久的历史发展进程中，各民族共同创造、相互交融的灿烂辉煌文化。

整块玉雕之上枫树崖柏、群峰起伏、巍峨险峻，万里长城的好风光尽收眼底，玉雕之下岫玉温润、长城壮阔、气势磅礴。玉与长城二者的结合尽显万里长城精神与中华优秀传统文化的雄浑厚重与源远流长。

【视野拓展】趣味纸雕——将雕刻文创带回家

起源于中国汉代的纸雕，也被称为纸浮雕，是一种以纸张为素材，使用刀具塑形的工艺。它在民间艺术的土壤中孕育而成，于18世纪中叶发展至鼎盛，中国最早的纸雕作品由手工扎做而成。

目前纸雕有三大主流流派，它们分别是：立体派、实验派和刻版纸雕。工业革命以及摄影技术的普及使得纸雕得以在印刷传媒上表现，这开启了纸雕艺术的普及化。近年来，随着数字3D打印技术的发展，纸雕艺术也越来越普及，欧洲一些国家每年还会举办纸雕"3D艺术"评鉴大会，为世界范围内的纸雕艺术作品授予奖项，进一步扩大了纸雕艺术的世界影响力。

在这种传统技艺的普及与发展之下，不少文创产品也开始在传统纸雕艺术中寻找创作灵感。如中国国家博物馆、敦煌研究院等国内知名博物馆都以中国传统文化、建筑为原型，围绕中华优秀传统文化，设计并制作了相关的趣味纸雕文创，一经发售就受到了大批文创消费者的欢迎与喜爱。

中国国家博物馆创意纸雕灯[1]　　　　　敦煌研究院创意纸雕摆件[2]

中国国家博物馆创意纸雕灯[3]

1. 淘宝网. 中国国家博物馆大观园纸雕灯卧室 LED 灯. [2021-04-12]. https://detail.tmall.com/item.htm?abbucke
t=14&id=574499825801&ns=1&spm=a230r.1.14.19.2fbf42e8kFsPV8.
2. 淘宝网. 敦煌研究院　敦煌九层楼立体纸雕便签本摆件. [2021-04-12]. https://detail.tmall.com/item.htm?abb
ucket=14&id=674769813109&ns=1&spm=a230r.1.14.82.736f709e2dqtdt&skuId=5029517283418.
3. 淘宝网. 中国国家博物馆大观园纸雕灯. [2021-04-12]. https://detail.tmall.com/item.htm?abbucket=14&id=628
128892639&ns=1&spm=a230r.1.14.13.2fbf42e8kFsPV8.

纸雕文创趣味盎然，这不仅体现在放在镜框里远远观看会让人误以为是木刻或是牙雕作品，更有趣的还是其雕刻过程。一些纸雕文创专门设计了让购买者"DIY"（Do It Yourself 的缩写，意为自己动手）的环节，购买者通过体验"画""刻""粘"的纸雕雕刻过程，既加深了文创爱好者对文创价值内核的深层次体验，也通过手刻这一亲身体验感受中国传统技艺的博大精深，真可谓是一举两得。

纸雕文创的形式可以让大众把身藏于博物馆和实地的巨型实体文创带回家反复体验。时代的发展带来了文创消费的新形式，即文创"新消费"。通过博物馆、展览馆将实体文创进行线下展览固然可行，但如何赋予这些实体文创新的生命，利用好当前科技革命带来的新的消费需求更加重要，具体到辽宁长城文创本身，是否对实体文创产品的认识还停留在初级阶段，如何把握好文创产品的设计与新兴消费市场的需求，如何将文化性与趣味性、观赏性与体验性充分结合，持续推动辽宁长城文化价值的不断转化和价值再造，是留给辽宁长城实体文创长期的考卷。

（二）长城葫芦烙画

创意长城葫芦烙画艺术作品[1]

长城葫芦烙画是辽宁省力推的长城文创作品优秀代表作[1]。葫芦烙画作为一种艺术创作讲求"意在笔先、落笔成形"，既追求中国画的白描、工笔、写意等民族艺术风格，也追求西方画作讲求绘画层次、色调的写实效果。在葫芦上烙画长城，还可以依据每一个葫芦的形状"随形附势"，这样每一件长城葫芦烙画都是独一无二的文创作品，中华传统技艺与艺术的魅力与传承千年的长城文化转折勾挑，一笔一画

1. 辽宁日报. 辽宁省长城国家文化公园建设稳步推进.（2022–11–11）.[2023–04–04]. https://baijiahao.baidu.com/s?id=1749159806892017249&wfr=spider&for=pc.

中饱含匠心深情，通过小小的葫芦惟妙惟肖地向世界展现出辽宁长城之美。

葫芦烙画又称葫芦烫画，相传起源于秦朝。距今已有2000多年的历史，这一古老技艺与中国长城一样拥有悠久的历史，它是一种以造型独特的葫芦植物为原料，以传统手工工艺制作，集绘画、书法和烙印于一身的葫芦工艺文创产品。2015年辽宁"葫芦岛葫芦烙画"被认定为非物质文化遗产。依托葫芦文化迅速发展起来的葫芦烙画，也成为辽宁葫芦岛市的一个特殊文化产业，包括烙画葫芦在内的各种葫芦工艺品享誉国内外。近年来，葫芦烙画在内容与形式上也不断创新，如以葫芦烙画制作的挂件、手链等文创产品也受到大众的喜爱与珍藏。

【视野拓展】烙画文创——以火代墨，代代相传

民间烙画艺术作品[1]

烙画，别名"烙花""烫画""火笔画"。[1]民间相传起源于秦朝但无史料可考，清朝时期，现河南、安徽、江苏、浙江、广东等地均有人从事此种工艺。现具有代表性的烙画有河南南阳烙画和广东新会烙画，2021年河南南阳烙画还入选了第五批国家非物质文化遗产代表性项目名录。

烙画以中国画勾、勒、点、染、擦等手法为基础，"烫"的工艺还可以烫出画的丰富层次与色调，以黑、棕、茶、黄、白五个色调为主要色调，能突出画面的立体感，远观给人以棕色素描画和石版画的观赏体验，在民族风格的基础

1. 吕殿增美篇号. 张如良烙画艺术作品欣赏.（2021-02-17）. [2023-04-12]. https://www.meipian.cn/3f3vs6v0.

木烙画艺术作品[1]

长城烙画艺术作品[2]

上融入西洋艺术审美的元素，使其具有独特的艺术魅力。

新中国成立后，我国的烙画工艺也得到改良。不仅出现了电烙的形式，烙画时的温度还能随意调节，烙画材质也从木板向丝绸、纸张、皮革、棉布、竹子等材质延伸，带给这种传统艺术无限的可能。

烙画发展至今可划分为两个门类：传统烙画和现代烙画。传统烙画"以火代墨"，以温度的高低确定烙痕色调的深浅，"墨即是色"墨的浓淡变化就是色的层次变化。现代烙画取国画之长、西洋画之精、版画之巧，糅合刺绣等民间艺术创造出一套独特的技法和表现方式。

不少烙画艺术家也将长城作为烙画的原型进行文创作品的创作。在一缕青烟的瞬息之间，将传神的长城烙画在木板、竹席等画布之上，同样拥有2000多年历史的烙画技艺与长城文化一起流芳百世、代代相传。

1. 液氮橘皮小红书号. 木烙画.（2022-05-31）.[2023-04-12]. https://www.xiaohongshu.com/explore/629638f000
0000000102aadf.
2. 搜狐网. 你身边这些非遗"宝藏"，你造吗.（2019-06-08）.[2023-04-12]. https://www.sohu.com/a/3193228
24_120050867.

二、辽宁长城信邮类文创实践

我国有着各具特色的地方邮驿地标与邮政文化资源，如丰富的邮票、明信片等邮政文化资源，这也是我国邮政产业在不断发展的过程中积累的独特文创资源。辽宁长城信邮类文创多集中在邮票、明信片、邮戳等印刷品类，独有的"邮政"属性是辽宁长城信邮类文创产品的不二优势，但如何对传统信邮文创进行深度挖掘、持续推陈出新，才是彰显辽宁长城与邮政魅力的不二法门。

（一）丹东虎山长城与绥中九门口长城邮票

普29《万里长城（明）》系列普通邮票是由杨文清、李德福创作，并由中国邮政发行，北京邮票厂印刷的一套普通邮票。

从1997年4月1日起至1999年5月1日，分五组陆续发行长城普通邮票21枚，邮票分别为"古北口""黄崖关""八达岭""居庸关""紫荆关""九门口""娘子关""偏关""边靖楼""虎山长城""山海关""金山岭""慕田峪""平型关""得胜口""雁门关""镇北台""黄花城""花马池""三关口"和"嘉峪关"。

1998年11月1日，发行的普29《万里长城（明）》系列邮票第三组"九门口"（25mm×20mm）是这组邮票的第一枚，面值10分；1999年3月1日，发行的普29《万里长城（明）》系列邮票第四组"虎山长城"（25mm×20mm）是这组邮票的第一枚，面值5分。

普29《万里长城（明）》系列普通邮票 [1]

普29《万里长城（明）》系列邮票第三组"九门口"与第四组"虎山长城"

1. 长城小站.《中国长城博物馆》："邮票上的长城——长城集邮专刊".（2010-12-19）.[2023-06-06]. http://
www.thegreatwall.com.cn/phpbbs/index.php?id=143891&threadid=143752.

过去很多人一直认为长城"东从山海关起，西到嘉峪关止"，但其实明长城东端起点在明代隶属辽东镇，国家公布的明长城东端起点现位于辽宁省丹东市振安区虎山乡。所以，在当时发行普29《万里长城（明）》系列普通邮票在当时是非常有必要的，一是可以弘扬中华民族优秀传统文化，增强人们对万里长城的保护、爱护意识；二是自春秋战国以来，为了互相防御，历代各自都曾修筑过长城，现在人们所看到的万里长城主要是明代所修，应该标明是明代长城，以扭转大众一直以来对长城东端起点的错误认知。

【视野拓展】邮票文创的跨界合作

近两年，我国邮政产业在国家大力扶持先进文化产业的政策背景下，开始力求突破传统发展的模式，丰富邮政文创产品的属性与文化功能内涵，加快邮政产业积极融入国家文娱产业的改革之中。

邮票在邮政产业升级与行业竞争日益激烈的大环境中，面临着使用频率减少、被替代、被遗忘与被淘汰的尴尬处境。但是通过积极的跨界合作，邮票在吸引更多眼球注意的同时，通过强调其收藏与娱乐属性，提升邮票的附加值，建立邮票与年轻人的沟通与联系，更新邮票的消费群体，是邮票文创未来的发展方向之一。

例如，2021年中国邮政发行的《辛丑年》生肖邮票。[1] 在此次邮票发行过程中，上海邮政为配合此次发行，同步发行了同款生肖邮票公交卡；江苏邮政与若来文创、晨光文具等国内知名文创品牌进行跨界合作，推出了生肖盲盒、生肖马克杯等文创产品，迎合了年轻消费群体的消费习惯与消费心理，得到了市场的肯定。在未来，中国邮政将有更多跨界合作计划与创意融合计划，值得消费者期待与购买。

---

1. 黄浦邮政 . @集邮迷们，2021辛丑年生肖邮品预售开启！. （2020-11-09）. [2023-04-12]. https://sghexport.shobserver.com/html/baijiahao/2020/11/09/294227.html.

2021年中国邮政《辛丑年》生肖邮票创意文创产品

（二）《长城》特种邮票

2016年8月20日，发行的《长城》（整张规格220mm×120mm）特种邮票由九枚邮票连成（单张规格25mm×60mm），是世界上最长的邮票。这套特种邮票以北京、辽宁、天津、河北、山西、陕西、内蒙古、甘肃、宁夏9个省（区、市）境内的长城为创作原型，九枚邮票分别为《长城·关山沧海》《长城·蓟辽天堑》《长城·燕赵雄风》《长城·京畿屏障》《长城·三晋重关》《长城·长河飞龙》《长城·高原北望》《长城·大漠关城》

特种邮票《长城·关山沧海》

《长城·丝路古道》，面值均为 1.2 元，由北京邮票厂印制，各发行了 1680 万枚。

要将横跨九个省市的长城展现在一张长卷上，必须借助中国传统绘画"以大观小"的俯瞰式构图法才能得以呈现。因为这种构图法以实地考察为基础，但打破了传统的时空观，才能将九地的长城及景观在画纸上恰当安排，最终达到兼顾主次、空间层次与起承转合的内容表现。

其中，九枚邮票之首《长城·关山沧海》的左上角展现了辽宁丹东虎山长城作为明长城之首的壮观气势；九枚邮票中的第二枚《长城·蓟辽天堑》展现了辽宁绥中九门口长城城在水上走，水在城中流的绝妙景象。作者许仁龙用了两个月的时间，重走九地长城获取最新灵感。从辽宁丹东虎山长城到甘肃嘉峪关，行程数千千米，横跨 9 个省、市、自治区，对长城进行实地考察，现场作画 100 多张写生稿，为此次特种邮票的发行做足了前期准备。

其实早在 2015 年，作为中央美术学院教授的许仁龙、张济平就与中国邮政集团公司邮票印制局编辑沙志辉一行来到辽宁省绥中县，就境内的长城遗址进行了考察。在考察过程中，许仁龙教授对绥中境内的长城遗址给予了高度

特种邮票《长城·蓟辽天堑》

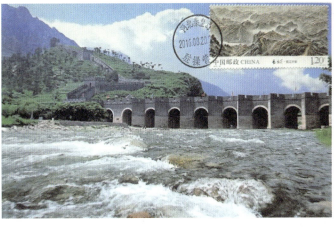

粘贴于九门口长城明信片上的特种邮票《长城·蓟辽天堑》

评价。他说："作为我国万里长城重要的组成部分，绥中境内的明长城原汁原味，保存完好，古韵悠长，与周边的山、海、林、塔等自然景观辉映成趣、相得益彰，不仅给人视觉上的享受和心灵的震撼，还传承着中华民族众志成城抵御外敌、崇尚和平的民族精神。"[1]

《长城》特种邮票以最小的面积表现最大的时代精神和民族精神，九枚连印的图案犹如一条巨龙横空出世，神采飞扬。方寸之间成就了"国家名片"，整个画面立体效果明显，层次细腻，既融入了时代特征，给人以纵深感，又映现出深远厚重的历史沧桑感和实现中华民族伟大复兴的中国梦。

【视野拓展】特种邮票

特种邮票《国徽》

在许多国家和地区，特种邮票是指具有特殊用途或作用的邮票。在中国，特种邮票一般指纪念邮票、普通邮票以外的特定选题图案邮票。我国发行的第一套特种邮票是于 1951 年 10 月 1 日发行的《国徽》，这套特种邮票是为了宣传国徽和庆祝中华人民共和国国庆节的到来所发行的，志号"特 1"，全套共 5 枚，图案相同，均为中华人民共和国国徽，但颜色不同，分别为：藏蓝色、赭石色、橘黄色、深绿色、红色。

我国的特种邮票同纪念邮票一样，在邮票的左下角印有志号。1966 年以前发行的特种邮票志号都以"特"字开头，从 1974 年开始，特种邮票开始以汉语拼音字母"T"作为志号，到了 1992 年之后特种邮票不再以字母"T"进行编排。

1. 云水禅心美篇号. 葫芦烙画～海阔波澜.（2019-05-29）. [2023-04-12]. https://www.meipian.cn/25ambsd9.

辽宁长城文创的实践与创新

特种邮票《金鱼》

特种邮票《菊花》

特种邮票《蝴蝶》

我国的特种邮票多以文化、体育、名胜古迹、风景、重大建设成就、动物或昆虫纲等题材而特别发行。在我国发行的众多特种邮票中，特种邮票《金鱼》《菊花》《蝴蝶》《黄山风景》《牡丹》就曾被誉为特种邮票界的"五朵金花"，备受集邮爱好者的喜爱，还被评选为新中国成立三十年最佳邮票。

（三）《辽宁风光》"虎山长城"明信片

1998 年 5 月 26 日，中华人民共和国信息产业部发行了（编号 FP.06）《辽宁风光》明信片（148mm×100mm）。此次发行的邮资明信片为封套式明信片，一套 10 枚，分为 AB 两组，A 组为国内邮资，面值 40 分，B 组为国际航空邮资，面值 420 分。两组图案相同，每张明信片的邮资图案和明信片背面图案也相同。"虎山长城"明信片是这套明信片的十组图片之一，共发行了 40.5 万枚。其余的九组风光明信片图案分别为"沈阳故宫""沈阳北陵""大连市区""大连金石滩""千山""本溪水洞""鸭绿江大桥""锦州笔架山""辽阳白塔"。

　　始建于明成化五年（1469）的虎山长城，在当时主要的作用是为防御建州女真人的侵扰。明信片中所见的虎山长城，是依1992年通过的《虎山长城修复设计方案》，在明长城遗址上修复起来的。虎山长城现已修复1250延长米，过街城楼、烽火台、敌台、战台、马面等十二景，恢复了当年明长城之首的壮观气势。

《辽宁风光》明信片之"虎山长城"明信片

【视野拓展】辽宁省"六地"红色旅游地标

　　红色旅游景点地标是重要的城市文化名片，也是辽宁省旅游业最吸引人的亮点之一。按照辽宁省文化和旅游厅制定的全省红色旅游发展规划，辽宁省将从多方面打造"六地"红色旅游地标，促进城市红色旅游转型升级。

　　辽宁省"六地"红色旅游地标是依托沈阳市"九·一八"历史博物馆、锦州市

沈阳市"九·一八"历史博物馆

锦州市辽沈战役纪念馆

辽沈战役纪念馆、本溪市东北抗日义勇军纪念馆、抚顺市雷锋纪念馆、丹东市鸭绿江断桥、沈阳市中国工业博物馆等优质红色旅游资源大力打造的一批"六地"标志性红色旅游景区，重点推进辽宁各个城市标志性红色旅游景区陈列提升工程。

"六地"红色旅游地标的打造，是辽宁省做好红色史迹与周边区域整体开发，对闲置文物及历史建筑进行项目规划，将红色革命遗址与城市更新改造相结合，鼓励各地区利用好周边共有物业资源建设城市文创空间的重要举措。

本溪市东北抗日义勇军纪念馆

抚顺市雷锋纪念馆

丹东市鸭绿江断桥

沈阳市中国工业博物馆

下一步辽宁省还将以"六地"红色旅游地标为中心，继续推进红色旅游休闲名街建设、加强红色主题公园建设、规划建设红色旅游小路等。同时围绕城市红色旅游休闲功能区、红色主题风貌特色街区、红色主题公园、战争遗址公园，推进红色驿站、红色宿营地、红色演出场馆等配套旅游设施建设。

（四）"明长城九门口"明信片

由于九门口长城地理位置特殊，它处于河北省抚宁县与辽宁省绥中县之间。所以在20世纪90年代后期，普29"九门口长城"普通贴票明信片是由河北省秦皇岛市邮电局发行的。

"九门口长城" 普通贴票明信片

焦墨画——九门口长城

根据1989年的《抚宁县志》记载："1986年，经河北省、辽宁省两省协商，由辽宁省集资重修位于抚宁县境内的东部城墙、水门、敌楼。"本着"谁开发，谁受益"的原则，此后九门口长城的旅游资源开发便由辽宁省主导。所以在 1998 年 11 月 1 日，普 29《万里长城（明）》系列邮票的第三组"九门口"邮票发行时，具有管辖权的辽宁省绥中县邮政部门也启用了"九门口临时邮局"邮政日戳和风景日戳。

【视野拓展】关于九门口长城古诗四首

九门口长城因其独特的城关设计，也被称为"一片石"或"一片石关"。

古代文人墨客游览至此也曾惊叹其独特精妙的构造与创想，常常有感而发留下诗句以抒胸臆。至于九门口长城的迷人之处，从这些流传至今的诗篇辞藻间也不难窥见，下面放上四首请大家赏析。

明清九门口长城古诗四首

诗名	朝代	作者	内容
《入一片石》	明	孙承宗	山分一片石，水合九门关。 大壑开双阙，孤亭压五环。 倦飞怜弱羽，蹇步爱潺颜。 枕漱饶生事，高风不可攀。
《一片石道上》	明	王致中	东望青峦列堠烽，秦城汉壁几重重。 曾无日午三家市，空有风涛万壑松。 桥隐断虹秋水涨，栅沈斜日石门封。 疆场此日还多事，好向天山豫挽弓。
《一片石诗》	清	徐世茂	山回路口几人家，斜抱长城一望赊。 乱石远沙含夕照，深林空翠入飞霞。 九门洞曲浮秋水，三辅风高起暮笳。 寂寂客怀愁不寐，忽来寒月照窗纱。
《一片石》	清	王一士	危乎九江口，剑阁险相班。 双扇拦逆水，两边高上山。 乱峰通一线，叠嶂接三关。 禁旅长歌入，谁云飞过难。

（五）辽宁宽甸邮局邮戳卡

辽宁丹东·虎山长城邮戳卡是可以在辽宁省宽甸满族治县邮局印盖到的一枚风景邮戳卡。这枚虎山长城邮戳的特别之处在于，除了邮戳上的日期与地名外，还印有辽宁虎山长城的风景图案，十分具有收藏意义，受到广大邮戳收集爱好者与长城爱好者的喜爱与追捧。

辽宁丹东·虎山长城邮戳卡

很多异地邮戳收藏者会在互联网集邮社区上进行邮戳交换的活动，希望通过相互交换或有偿购买的方式，对异地不便盖取到的长城邮戳进行交换收集。还有一些邮戳爱好者会在社交平台上分享一些邮戳盖取的相关信息，供其他集邮戳爱好者交流与讨论。

【视野拓展】邮戳打卡——从邮寄到打卡功能的演变

《驿使图》邮票[1]

目前，我国发现最早的古代邮驿形象来自1972年出土的《驿使图》画像砖。 这块出土自嘉峪关魏晋墓群的画像砖，生动展现了昔日西北边疆驿站使者传递信件的情境，是我国已知最早的古代邮驿形象资料。为了追溯和纪念这一古老的邮驿传统，1982年邮电部曾以《驿使图》为原型，发行过一张面值1元的小型纪念邮票。

邮票、明信片曾经是人们生活沟通、相互通信、社交联系所必不可少的日常邮政产品。随着我国邮政产业的繁荣发展，集邮也曾经是邮票爱好者钟爱的活动。随着科技的进步，人们的通信手段也不断更新换代，邮票和邮政服务好像也慢慢淡出人们的日常生活，逐渐被即传即达的通信工具所取代。但是，邮戳打卡活动却成为一种新的互联网仪式，邮戳从原有的邮寄功能脱离出来，成为一种具有仪式感的收

1. 日月美篇号. 历届中华全国集邮联合会代表大会邮票. （2020-01-02. [2023-06-06]. https://www.meipian.cn/33l1evk1.

集方式与表达行为。

邮戳是指在办理邮政业务时留下的戳记，常见于收寄信件或明信片上盖有的圆形戳记。邮戳上常常印有时间和地理位置信息，时间是指邮戳中间字钉处的日期时间，一般是邮件收寄分发的时间；地理位置信息就是位于上环处的省市信息以及收寄支局的名称，如果是省会城市邮戳上环只标记城市名称，如果县市同名则在后面加一个县字。邮戳的趣味性与收藏性体现在有趣的地名和印有特色图案的主题邮戳，如名胜古迹、生肖属相等。

正是因为邮戳上的时间、地理信息、具有地域特色的图案标记，使"盖邮戳"逐渐成为人们旅行途中的特色打卡方式，每到一个地方盖上当地的邮戳，用邮戳这种特殊的媒介标记某些地点与事件，在时间和空间中留下印记，记录自己的足迹，这仿佛也是一种留下某年某月"到此一游"的文明书写。作为一种打卡留念方式，小小的邮戳记录下的不仅是一个时

小红书平台邮戳打卡照片[1]

小红书平台的北京邮戳打卡[2]

1. 偶素海风小红书号. 东方明珠极限风景戳. （2022-07-30）. [2023-06-06]. https://www.xiaohongshu.com/explore/62e4a9ab0000000012029508.
2. Flover 小红书号. 北京跑戳丨北京密云区鼓楼大街邮政支局. （2022-05-03）. [2023-06-06]. https://www.xiao hongshu.com/explore/62713898000000002103a2ad.

间、一个地点，还有当时的心情。[1]

　　辽宁长城信邮类文创要想完成从普通邮政商品向邮政文创产品的跨越，需要紧跟时代与市场的步伐。通过将自身内容与使用场景相结合，使其在不同时代背景下，具体的使用方式和价值可以表达使用者使用时的具体情感，这样才会受到更多消费者的青睐，毕竟场景化的消费更能引发消费者的情感共鸣。

　　此外，辽宁长城信邮类文创还可以插上科技的翅膀，如中国邮政曾发行过数字邮戳与交互式数字集戳册，让邮戳永不褪色，被永久珍藏。

小红书平台的北京慕田峪长城邮戳打卡[2]

中国邮政数字邮戳与交互式数字集戳册[3]

三、辽宁长城生活产品类文创实践

　　生活视角是一种社会化视角。[4] 现代社会的迅速发展使得人们的物质生活极为丰

1. 孙玮. 我拍故我在　我们打卡故城市在——短视频：赛博城市的大众影像实践 [J]. 国际新闻界，2020，42（06）：6-22.
2. Chase 小红书号. 北京怀柔盖戳慕田峪长城风景戳跑戳.（2022-08-31）.[2023-06-06]. https://www.xiaohongshu.com/explore/630f4b54000000000802313f.
3. 中国邮政微信公众号. 穿越丝路 5171 公里，邮政邀你集戳打卡！丨沿着邮路看中国.（2022-07-21）.[2023-04-12]. https://mp.weixin.qq.com/s/ejPswYYcy9nCoOHzzo4oCA.
4. 胡钰. 文创理念：当代文化发展的新观念 [J]. 湖南师范大学社会科学学报，2019，48（03）：126-132.

富，人们的文化审美意识也越发强烈，文化需求对大众来说已然不再是奢侈品，更多的是一种生活必需品。辽宁长城生活产品类文创与日常生活相结合，将长城文化与"好好生活"的理念相融合，让长城"活"起来。如何将更多的长城元素融入人们的日常起居、饮食、穿搭等场景，辽宁长城文创的发展还有更广阔的空间。

（一）九门口长城冰箱贴

淘宝网"七星境文创"九门口长城冰箱贴

九门口长城冰箱贴是一款由"七星境文创"品牌设计并销售的辽宁葫芦岛九门口长城地标打卡冰箱贴文创产品。这款冰箱贴是该品牌同系列"沈阳印象"系列冰箱贴的其中一个，它的设计理念是希望通过将东北、沈阳元素融入小小的冰箱贴之中，由购买者将这些特色元素文创产品带回家中。

该款冰箱贴长7.5厘米，宽4.5厘米，为了能够更好地还原九门口长城的雄伟景观，采用了锌合金材质与烤漆工艺，希望借助这个小小的冰箱贴让辽宁九门口长城文化走得更远。

成熟的旅游城市和景区多拥有完善的旅游配套服务，旅游生态也极其丰富，如旅游街区、旅游文化手信等。相较于不易保存和携带的当地特色农副产品手信，冰箱贴小巧精美，且具有很强的实用性，更适合作为旅行手信送给亲朋好友。

像"七星境文创"这样的民间设计品牌还有很多，如果当地政府能够完善配套设施，做好辽宁长城旅游的规划运营，对文创品牌和创意集市进行孵化，将有助于辽宁长城旅游生态的成长。

【视野拓展】中国台湾文博会——让文创在城市发展中获取新动能

2019年中国台湾文博会主题海报"Culture On the Move"

诞生于 2010 年的中国台湾文博会，全称"中国台湾文化创意设计博览会"，其创办初衷是为了中国台湾省"提振文化内容力"并"建立产业生态体系"。在经历了单一的商品交易展览模式后，中国台湾文博会近两年逐渐发展成为主打"文化概念方式策展"的展会模式，将"城市即展现，展现即生活"注入每年的展会主题，例如 2019 年中国台湾文博会的主题为"Culture On the Move"（文化动动动）[1]、2021 年的主题为"Supermicros"（数据庙——汇聚相信的力量）等。

美国芝加哥学派在社会学领域致力于城市研究，该学派的教授特里·克拉克（Terry N. Clark）曾提出过城市增长发展的场景模式，希望通过聚焦城市中市民的文化艺术参与、消费与娱乐等行为对城市经济社会发展带来影响。因为在他看来，后工业时期的城市发展阶段会受到原有增长模式的限制，而市民文化艺术参与对城市增长发展开始起到至关重要的作用。[2] 城市的发展更加偏向文化、创意领域的消费，这对文创的设计与传播会产生影响。

因此，2019 年的中国台湾文博会华山主题概念区就进行了一场名为"编辑地方"的主题展览[3]，该展览从中国台湾省各地的地形地貌、饮食文化、祭奠仪式等日常生活方面切入，试图全面展现中国台湾省台东、台南等地区的城市风貌、生活场景，

1. 范振坤. 激活文创新动能——基于对中国台湾文创发展的思考 [J]. 创意设计源，2019，（04）：30-34.
2. 吴军. 场景理论：利用文化因素推动城市发展研究的新视角 [J]. 湖南社会科学，2017，180（02）：175-182.
3. 范振坤. 激活文创新动能——基于对中国台湾文创发展的思考 [J]. 创意设计源，2019，（04）：30-34.

并将其作为城市推广的一种文创活动。这次的展览也在试图传达文创不再是单一的物品形式或是某种行为体现，而是某种社会关系的总和式表达，文创正在从物的合集向沉浸式、多维度的体验型文创模式过渡。

2019年中国台湾文博会"编辑地方"主题展览

（二）九门口长城造型纪念酒

秦皇岛天马酒业有限公司九门口长城造型纪念酒文创

　　九门口长城位于辽宁省与河北省的分界处，这款九门口长城造型纪念酒文创产品是由秦皇岛天马酒业有限公司于2019年生产。九门口长城作为明长城的重要关隘，因其地形险要也被誉为"京东首关"，也因其关城上的九个关门而著名。

以九门口长城的特色关门制作纪念酒的酒瓶，是这款纪念酒文创对九门口长城文化的创新之举。同时，中国也是酒和酒文化的故乡，自古以来就有"杜康造酒""李白斗酒诗百篇"的酒文化，作为一种特殊的食品，酒是人们生活之中必不可少的饮品与馈赠佳品。将九门口长城这一文化符号与日常生活场景相融合，是这款独具特色的九门口长城纪念酒带给文创产品设计、开发的思想火花。

【视野拓展】生活场景消费——让长城文创"活"起来

英国大英博物馆在中国销售的文创产品品类丰富，涉及香薰蜡烛、创意玩具、潮流服饰等几十个品类，其中尤为注重对居家生活类产品的设计和开发。购买者通过购买这些家居饰品、抱枕玩偶、香薰蜡烛、宠物用品等文创商品的方式，将大英博物馆的文化元素带回家，融入自己生活的角落。大英博物馆生活类文创产品不但具有创意性且实用性极高，也更贴近生活，而且加之国内繁荣发展的线上购买方式和发达的快递配送服务，也更贴合当下快节奏的生活，消费场景十分便利。

国内博物馆也是生活场景类文创产品的佼佼者，如故宫博物院、国家博物馆等，也通过将馆藏文物主题与生活场景中的马克杯、餐具、手机壳、收纳盒等物品进行精巧结合，取得了不俗的市场反响。

淘宝网"长城文创"长城主题车载香氛文创[1]

由中国长城文化旅游工作委员会运营的长城官方文创 IP 品牌运营公司"长城文创"也推出过长城主题的车载香氛，将长城元素融入生活驾驶场景。场景经济作为一种新的经济形态，更注重产品消费的场景，通过场景赋能

---

1. 淘宝网. 长城文创香薰车挂创意纸雕. [2023-04-12]. https://item.taobao.com/item.htm?spm=a1z10.3-c.w4002-22578168526.37.361447929r2MMy&id=629585205524.

长城文创，创造更多的长城文创在生活中的消费和体验机会。

四、辽宁长城IP类文创实践

IP（Intellectual Property）是知识产权的英文缩写，其本质含义是指智慧财富的产权和收益权。IP 种类多样，如拥有具体形象的角色 IP、没有特定形象的文字与影视类 IP 以及被相关群体所信任并对该群体消费行为有影响力的权威人士 IP，以上三类的代表分别为：以米老鼠为代表的卡通形象、各种网络小说 IP 以及李子柒等。辽宁长城作为文化 IP 中的优秀传统文化符号具有庞大的文创产业赋能潜力，通过将消费者的情感体验作为出发点，拓宽辽宁长城 IP 的价值空间，才能实现辽宁长城外在形象与内在精神的耦合，让其拥有跨越媒介类型的内容生命力。

"长城寻迹"系列主题 IP "望辽"

"长城寻迹"系列主题 IP "望辽"，是北京工业大学艺术设计学院副教授王淑慧与学生李悦薇等作者基于北京工业大学第 22 届"星火基金"重点项目，通过深入发掘提炼出的具有长城不同地区特色的视觉符号及其各区域专属的生动 IP 形象、衍生文创产品之一。

"长城寻迹"系列主题 IP 选取了长城沿途经过的六个省份地区辽宁、河北、北京、山西、陕西、甘肃作为研究对象。其中，辽宁的形象——"望辽"，提取的长城建筑是辽宁九门口长城，将它作为创作的基础元素，色彩的选择上结合辽宁当地"二人转"传统非物质文化遗产、民俗与传说故事进行了整体的 IP 形象设计。

为了突出展现长城的历史厚重感，设计者在形象表现形式上进行创新，还尝试了版画风格。同时为了使设计更具有整体性，展现各段长城的区域文化属性，设计

"长城寻迹"系列主题IP"望辽"及其衍生文创产品[1]

者还总结了每个区域的色彩印象和代表关口、景观，将长城建筑与当地的山川风貌结合在一起，为每个区域的 IP 形象进行了辅助设计，并将其应用于包装和衍生品设计中。除此之外，"长城寻迹"系列文创以玩具公仔作为主要产品，在包装设计上为单独的玩具包装与地区组合套装，不同的规格适应不同的消费需求。

"长城寻迹"系列主题 IP "望辽"及其衍生文创产品是结合辽宁地域文化特色，选取新颖的设计创新点，通过特色 IP 形象将长城精神的内核传递给消费者的 IP 文创产品，此类文创产品在延续长城精神的同时，也可以带动地方经济的发展，在增进地域文化认同感的过程中，地域文化自信也大幅提升。

1. 王淑慧，李悦溦，陈雨薇等. 长城文创产品设计中的地域特色开发与个性形象提升 [J]. 绿色包装，2022，76（04）：105–109.

【视野拓展】文创与动物 IP 的成功结合——故宫与大英博物馆的"猫"

故宫的猫有多火？故宫大约有 200 只野猫，它们中的一些小猫还拥有自己的名字、"猫设"和 IP 形象，如御猫"鳌拜"。其中一些"御猫"还在纪录片《我在故宫修文物》中出镜，并因此一炮而红。人们都笑说故宫的猫有编制，凭本事挣钱。

故宫的"御猫"

故宫"御猫"盲盒文创

2016 年，以故宫"御猫"为文创创作灵感的文创产品曾获得 2016 年中国旅游商品大赛金奖。此后，故宫文创便衍生出了一条生动活泼的文创产品线，即身着宫廷服饰的故宫猫文创，它们被制作成盲盒、抱枕、水杯、手表、胶带等文创产品。

而在距中国 8800 千米的英国大英博物馆里，也有一只名叫"盖亚·安德森"的埃及猫，它其实是一件青铜雕塑摆件。作为大英博物馆的镇馆之宝，盖亚在观众票选的"最喜爱展品"评选中常年位居高位，以它作为原型的文创产品也样样火爆，常年出现在大英博物馆的宣传手册中，它的 IP 卡通形象"小黑猫"甚至成为世界各地人们对埃及猫的第一印象。

故宫博物院、大英博物馆在猫文创 IP 的打造上，遵从的逻辑是并非将相关 IP

"盖亚·安德森"埃及猫文创摆件[1]　　　　　"盖亚·安德森"埃及猫文创水杯[2]

形象当作简单的动物形象衍生，而是针对具体猫咪特点进行细节提炼，赋予动物IP人格化的设定，再通过一个爆款IP衍生更多业态，如电影、纪录片、艺术绘本、零售产品等，最终打造一个成熟的超级IP矩阵。

五、辽宁长城图书出版类文创实践

辽宁长城图书出版类文创是指以辽宁长城文化内容赋能图书、印刷产品或服务的文化创意产品。长期以来出版行业都是文创内容IP的一级市场，拥有很多宝贵的内容资源。中国出版行业近年来也在鼓励各大出版社进行文创领域的多维度融合

1. 文汇客户端微信公众号. 进博会惊现大英博物馆最火的猫，为你揭秘它的前世今生. (2021-11-07). [2023-04-12]. https://wenhui.whb.cn/third/baidu/202111/07/432953.html.
2. 天猫大英博物馆旗舰店. 大英博物馆盖亚·安德森猫表情陶瓷马克杯. [2023-04-12]. https://img.alicdn.com/imgextra/i2/3961854778/O1CN01FHls3EllAN9fJuFfx_!!3961854778.jpg.

探索，如知名出版社"企鹅兰登书屋"在 2017 年收购了文创品牌"Out of Print"，并将其纳入公司的创新发展部。未来或许大多数国内出版机构都将面临文化服务转型，并涉猎文创衍生产品的开发，辽宁长城文创是否具有更广阔的图书出版类文创前景，还需要更多产业、政策、品牌、IP 资源、制度等方面的全方位支持。

（一）图书《辽宁古长城》

《辽宁古长城》是辽宁人民出版社于 1986 年出版的一本介绍辽宁境内古长城的图书，全书共 166 页，作者是冯永谦与何溥滢。

作者冯永谦认为，辽宁境内拥有丰富的古长城资源，它们是我国宝贵的历史文化遗产，但是受过往条件的限制，未能得到详尽的报道，且因没有考古发现材料支撑，许多复线重出，使人误解，特别是关于各道长城时代的鉴定更未能清晰呈现。为了解决上述问题，作者决定通过编撰此书对辽宁境内的长城状况、历史由来和沿线风物加以介绍，也弥补了当时市场上此类书籍缺乏的状况。

除去前言与后记外，全书共四个章节，按历史事件顺序排列，各章节分别为：燕长城、秦长城、汉长城、明长城。全书图文并茂、史料翔实地向读者介绍了辽宁境内燕、秦、汉、明四朝的长城以及其他史迹的情况。对促进长城遗迹的全面保护与修缮、开展文旅活动、进行爱国主义教育、激发民族自豪感具有重要的意义。

在该书的编写过程中，两位作者以多年从事文物考古工作的实地调查材料为基础。除此之外，也参考借鉴了相邻省区一些公开发表的关于长城调查的论述。外出拍摄书内图版照片时，得到了辽宁省地名办公室、锦州市文化局、辽宁境内长城沿线丹东和锦州文物管理委员会与凤城、宽甸、绥中、建平、义县、北镇等县文物保管所的大力支持与热情帮助。

【视野拓展】国潮文创——优秀传统文化的复兴

目前，关于"国潮"没有一个明确的定义，在 2019 年 11 月举办的博鳌论坛"文化创意对话"活动上发布的《国潮研究报告》中，曾将"国潮"定义为中国历经数千年历史积淀下来的优秀传统文化方面的复兴，至于对这两个字中"潮"的理解，就更是"一千个人心中有一千个哈姆雷特"了。2018 年，李宁品牌在纽约时装周对"悟道"系列服饰进行展示，因此 2018 年被称为"国潮元年"。也有学者将国潮通俗地理解为具有中国历史文化特色的、风格鲜明的、彰显中华民族精神风貌的潮流。[1]

国潮的兴起基于大众对"中国制造"与中华优秀传统文化的认同，2016 年至2019 年间是我国国货、国潮商品消费增长的高峰时期，文化自信让更多消费者愿意在国潮商品中获得情感共鸣，进而主动消费、购买相关产品。例如中国国家博物馆根据汉代"长乐未央"瓦当[2]设计出的手绳文创产品[3]，不仅极具时下流行的珠宝首饰类产品的设计审美，也将中华优秀传统文化的精神内核完美融入其中，二者的结合使该产品既具有深厚的文化历史内涵也极富现代时尚美学。

汉代"长乐未央"瓦当[2]

中国国家博物馆天猫旗舰店"长乐未央"手链文创[3]

1. 杨加禄. 国潮在文创产品中的设计应用与研究 [J]. 艺术与设计（理论），2022，2（05）：94–96.
2. 墨池公开课. 曾今椽头风和雨，拓来一纸问秦汉 ｜ 瓦当纸的美，你喜欢吗？. [2023–04–12]. http://toutiao.shufawu.com/2016/11/14/96351.html.
3. 天猫中国国家博物馆旗舰店. 中国国家博物馆长乐未央红手绳创意情侣首饰闺蜜手链文创女生礼物. [2023–04–12]. https://detail.tmall.com/item.htm?abbucket=2&id=630440078192&ns=1&spm=a230r.1.14.21.6a675f11VqTbWc.

长城图案口罩文创

国潮与优秀传统文化的碰撞在一定程度上需要直面当下的消费群体与市场。而辽宁长城文创不能一成不变，面对新的消费环境，中华优秀传统文化是民族的精神命脉，也是弘扬社会主义核心价值观的抓手与立足点。长城作为中华优秀传统文化的代表，自然也承担着培养文化自信的责任，以"国潮"为切入点进行文创产品生产，设计出符合时代需求的创意产品，可以推动中国潮流不断走向世界舞台。

（二）图书《东北古代长城考古调查与研究》

《东北古代长城考古调查与研究》封面图

《东北古代长城考古调查与研究》是国家出版基金资助项目，由辽宁教育出版社于2022年12月出版，首次全面展示东北地区历代长城状况，作者是冯永谦。

该书是实地考古调查发现与历史文献记载相结合进行研究论证所得成果的集大成者。图书充分利用作者多年实地考古调查积累的第一手资料和研究成果，详细记述了战国（燕）、秦、前汉、后汉、西晋、北齐、北周、隋、东夏、辽、金、明等14个王朝（或地方民族政权）在东北地区所建长城的分布、走向以及相关考古发现的情况，并使用近2000幅彩色照片，清晰展示了长城遗迹的状况，证明了相关长城的存在。

《东北古代长城考古调查与研究》是东北地区历代长城修筑、分布、走向以及考古发现情况的首次全面展示，不但具有较高的学术价值和史料价值，更为东北地区正在进行的长城国家文化公园建设提供了极其宝贵的参考资料。特别是考虑到许多照片所反映的古代长城遗存如今已发生很大变化，甚至已不复存在，该书的出版将帮助相关地区长城国家文化公园建设参与者正确地认识和了解所在地区古代长城的历史与现状，为相关地区长城国家文化公园的建设提供宝贵的参考依据。

【视野拓展】考古盲盒文创——未知与随机让文创更好玩

2019年，河南博物院开发的"考古盲盒"文创问世。在2020年，一位网友将网上购买的河南博物院"考古盲盒"的"开挖"过程和体验与其他网友分享，引发了这款创意文创的购买热潮，直接带动了这款文创的销量。此后，河南博物院"考古盲盒"售罄的情况时常出现，甚至出现全网催促河南博物院补货的场面。

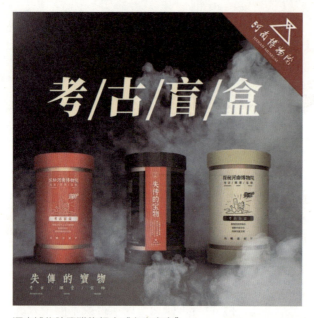

河南博物院天猫旗舰店"考古盲盒"

河南博物院天猫旗舰店"考古盲盒"说明

这款考古文创如此火爆的背后其实是考古元素与盲盒文创共同产生的作用。一方面，"考古"和"开挖"的过程带给购买者充足的仪式感，仿佛真的通过自己的双手将一件文物挖掘出来的过程还原了考古活动的场景，这是一种参与感与仪式感的亲身体验。

另一方面，盲盒文创主

打的是一种不确定性和随机性，消费者在消费的瞬间并不知道自己到底消费与购买了何种产品，只有在打开的瞬间才会知晓。这一开盒过程与考古元素相结合，将"开"的过程延长，制造了新鲜的玩法，也体现了考古元素融入文创产品设计的创意思路，更重要的是这一玩法的附加成本并不是很高，却带来更高的利润。河南博物院的这一"考古盲盒"创意文创也增加了文创的更多可玩性，为文创产品设计如何变得更加好玩带来了新思路。

优秀的文创产品设计需要兼具文化底蕴与设计创新。辽宁长城文创如何杀出重围，更好地展现辽宁自身特色，首先要依托文创原型的历史与文化底蕴，其次不能单纯追求文创的新奇可爱，要通过精巧的设计将文创形式与内容更好地结合，避免辽宁长城文创走向同质化、跟风化。但这一过程也不是一蹴而就，还需要辽宁长城文创在发展的过程中敢于不断地探索与试错。

（三）图书《明长城通览》

《明长城通览》由清华大学出版社于2015年1月出版，全书对明长城作了全面、连贯和详实的介绍。内容具体包括对长城的基础知识，以及冀东长城、北京长城、河北西部长城、山西长城、陕西长城、宁夏长城、甘肃长城、辽东和青海边墙的相关情况介绍。全书包含1000多幅长城图片和地图，图片精美，图文并茂，内容全面，是一本集大成的明长城专著。全书共166页，作者是李少文与梁嵘。

《明长城通览》除去前言、后记与参考文献章节，其余章节按照地理位置分类，共九个章节。其中第九章的第一小节着重介绍了辽宁省境内的明长城——辽东边墙。

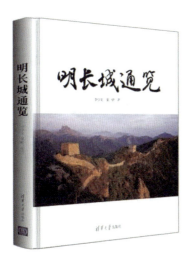

《明长城通览》封面图

李少文与梁嵘两位作者历时 30 多年，通过长期的徒步与考察，全面查找和收集了有关明代长城的资料，通过 1000 多幅长城图片和地图，专业系统地为读者讲解了明代长城的历史和现状，这是一本面向长城爱好者、摄影爱好者、旅行爱好者、长城研究人员和文物工作者的珍藏宝典。

【视野拓展】立体书——用立体书再现实体场景

《哈利·波特》同名立体书封面图

立体书（Pop-Up Book）别名可动书、玩具书，属于儿童文学出版制品中的一个特别分类，也被称为儿童图书的"创意升级"。但立体书的市场现在也并非只面向儿童市场，如热门电影《哈利·波特》就出版了同名立体书，面向全球书迷、影迷，目前该书的中文版在国内也被未来出版社出版发行。

《哈利·波特》同名立体书内部细节图 [1]

1. 新浪网. 还原《哈利·波特》的魔法世界，这本立体书把霍格沃滋搬来了！. （2021-09-23）. [2023-04-12]. http://k.sina.com.cn/article_3952319369_eb939b8901900zw34.html.

我国引进的第一套立体书是在 2006 年取得版权的《游戏时间》。当时，我国的立体书产业还不是很完善，一度出现了手握版权无人能做的窘境，但十几年的出版行业迅速发展，我国已完成国内原创立体书从 0 到 1 的飞跃，当当网销量榜前 50 的立体书中有 40 本为中国原创。

2019 年，由电子工业出版社出版的原创立体书《打开故宫》一年销售破 20 万册。2020 年，为了纪念苏州博物馆建馆 60 周年，苏州博物馆携手化学工业出版社出版了《贝聿铭的建筑密码》立体书，上市一个月销售 3 万余册。在阅读立体书的过程中，阅读者和图书间具有很强的交互性，这种交互阅读也有助于培养儿童的阅读习惯。目前，我国的立体书市场还有很大的开发空间，值得辽宁长城文创从中获得启发。

科普立体书还有助于通识教育的发展，如何利用好立体书进行辽宁长城图书出版文创的创新，科普立体书可以不再局限于文学作品的创作，也可以帮助国内的儿童了解、科普中华优秀传统文化，如中国长城文化、辽宁长城文化等；更能为外国读者了解中华优秀传统文化，再现更多的实体场景与历史文化知识，科普立体书可以让枯燥晦涩的通识知识变得更加直观、富有趣味性。

立体书《打开故宫》[1]

《贝聿铭的建筑密码》内部细节图[2]

1. 搜狐网. 最后抢购！限量版《打开故宫》立体书震撼来袭，让你"把整座故宫搬回家"！（2021–09–23）. [2023–04–12]. https://www.sohu.com/a/393927500_779750.
2. 空间设计网易号. 手心上的立体博物馆！《贝聿铭的建筑密码》带你探索一代大师的建筑谜题！. （2020–10–03）. [2023–04–12]. https://www.163.com/dy/article/FO263RIS05188AIB.html.

（四）图书《辽宁省明长城资源调查报告》

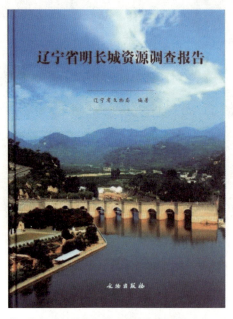

《辽宁省明长城资源调查报告》封面图

由吴炎亮所作、辽宁省文物局编著的《辽宁省明长城资源调查报告》是一本对辽宁省境内明长城资源调查与介绍的专业调查报告读物。该报告的体例、格式、内容遵循了调查研究报告的写作规范，主要介绍了辽宁省境内明长城的地理概述、历史资料与发展状况等内容，还对以往辽宁明长城的相关模糊信息进行了及时的更新与纠正。全书图文翔实，调查结果依据严谨的长城重点部位本体测绘图撰写。

该书于2011年9月由文物出版社出版，全书共657页，分为三个章节。第一章为概述部分，主要介绍了开展此次辽宁明长城资源调查的工作背景、明长城分布的地理与地貌特征、辽宁明长城修筑的历史沿革，以及对过往辽宁明长城调查的回顾。第二章为调查资料介绍及成果分析部分，是报告的重点部分，包含了此次调查探明的辽宁地区明长城的总体分布与具体走向、辽宁明长城的结构特征、防御体系的形成和保存现状，以及辽宁明长城资源调查的数据统计分析和历史风貌分析。第三章为结语部分，是这次调查成果的总结，包括此次明长城调查与以往历史调查的比较、重要调查收获的总结性分类综述，以及对辽宁明长城保护与管理中存在问题的分析与建议。

【视野拓展】数码印刷——文创发展正当时

数码印刷简单来说就是印刷技术的数码化，是一种可以将电脑文件直接印刷在纸张、织物、塑料、金属等材料上的全新印刷技术。印刷技术的发展经历了雕版印刷、活字印刷、有版印刷、数码印刷，印刷技术的不断革新过程也推动着文化创意产业的进步，二者彼此助力，共创未来。

当前，数码印刷技术正在融入文创产品的生产过程中。利用先进的油墨技术可以将素材转印到玻璃、金属、陶瓷等材质上，这样生产出来的文创产品不仅耐刮擦、耐湿热，还可以呈现出不同的质感和肌理。例如故宫口红文创产品的包装壳的印花、故宫餐具文创的印花中多采用此类技术。

"长城文创"——"非遗状元卷轴"定制文创产品

中国长城文化旅游工作委员会运营的长城官方文创 IP 品牌运营公司"长城文创"也尝试利用数码印刷技术带给长城文创更多可能，其官方网站上就提供了长城文创"非遗状元卷轴"[1] 的数码印刷定制服务。在文创产业的创意加持下，印刷业也可以拓展思路，在传统的生产销售环节上提供个性定制服务，不仅可以提升、赋能印刷制品产业与服务，还可以在这一过程中赋予文创产品更多的可能性。

2016 年，南京大学出版社也进行了数字印刷文创尝试，在当年南京大学 5 月

1. 长城文创. 长城文创非遗状元卷轴. [2023-04-12]. http://www.changchengwenchuang.com/product-detail/BRKYRLeN.

的校庆期间上线了名为《南大故事》的主题笔记本，通过数码印刷技术制作的笔记本以图文的形式展现了南大百年历史与文化轶事。2020年，南京大学出版社又通过数码印刷再次上线了"姹紫嫣红版"《南大记忆》日历，日历有五款颜色，分别取自南大校园的四季景色，这本日历也被称为"南大记忆点滴索引全书"，受到校友和游客的广泛好评。

《南大记忆》日历文创产品

第四章

辽宁长城

虚拟文创

虚拟文创一般是指具有观赏性与交互性的视听觉导向文创产品,辽宁长城虚拟文创多以技术手段为依托,使辽宁长城文创产品得以通过视觉传达的手法进行表现。这一文创形式也带来了文创产业中视觉传达技术的升级与进步,使更多的文创产品可以从平面走向立体,从图片走向视频,内容与表现形式更加丰富和动态。在未来,辽宁长城虚拟文创创新的关键又在于创新的人,即创作者如何突出表现辽宁长城虚拟文创的人性化、个性化与立体化,是值得辽宁长城虚拟文创长期思考的问题之一。

一、辽宁长城文化宣传片

文化宣传片作为一种集合了图像、文字、声音的动态虚拟文创,生动形象地展示了辽宁长城的面貌与历史文化内涵。作为一种虚拟影像文创,宣传片的拍摄策划与内容、取景时间与地点、拍摄手法与角度、后期处理与剪辑都在一定程度上影响着辽宁长城与辽宁城市的形象建构,并且不同的拍摄主体通过文化宣传片所表现出的辽宁长城与城市也各有侧重点。只有深入挖掘城市宣传片这种虚拟文创产品的表现力和新鲜度,突破视觉影像符号的限制,带给人耳目一新的视听体验,才能更好地助力辽宁长城文化与文创产业、文旅产业的深度融合,从而实现辽宁长城再造地方的神话。

(一)中共辽宁省委宣传部出品《中国辽宁宣传片》

2022 年 12 月 25 日,由中共辽宁省委宣传部出品、辽宁广播电视台北斗融媒承制的《中国辽宁宣传片》全网首发。[1] 作为辽宁文化的宣传片，该宣传片在 8 分钟内高度凝练地向观众介绍了辽宁的自然生态、历史人文、工业优势、对外开放、非遗传承、文化风物等诸多方面的情况。其中，在 7 分 53 秒处对辽宁境内长城的壮美山河图景进行了精彩呈现，向世界诉说着这是一片历史悠久、风光秀美的辽阔土地。

《中国辽宁宣传片》中的辽宁长城

扫码观看《中国辽宁宣传片》

　　《中国辽宁宣传片》由央视网首发，得到了新华社、人民网、央视新闻、中国日报、北斗融媒、今日头条、《光明日报》、辽宁共青团等近百家权威媒体的转发和赞扬。

　　拍摄团队用时 70 天在辽宁省内拍摄近 200 个点位，是为了追求每一个镜头都能全面展示辽宁之美。拍摄期间，团队几乎每天凌晨出发半夜而归，跋山涉水只为全面展现大美辽宁，为振兴东北战略添砖加瓦尽自己的所能。同时，后期制作团队历时三个月，经过导演团队不断推敲、反复打磨，尽力让宣传片的每一个分镜头、每一句解说词都达到完美。最终，《中国辽宁宣传片》以磅礴大气的画面，震撼贴合的配乐，表现力充足的叙事，为全面振兴、全方位振兴辽宁进行了立体式、多维

1. 央视网. 首发！中国辽宁宣传片.（2022-12-25）.[2023-04-12]. http://dbzx.cctv.cn/2022/12/25/ARTIgYG08a7WGiU6A6UAEgAz221225.shtml.

度的全景展示。

【视野拓展】政府牵头文创产品开发——"紫金奖"文化创意设计大赛

"紫金奖"文化创意设计大赛LOGO

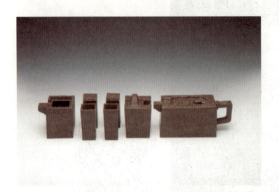

"紫金奖"文化创意设计大赛历届获奖作品

"紫金奖"文化创意设计大赛历届获奖作品

"紫金奖"文化创意设计大赛是由江苏省委宣传部等江苏省多家单位共同发起的综合设计类赛事，是典型的由地方政府牵头的文创产品开发活动的代表之一，该赛事自2014年举办第一届，至今已举办9届。

作为一个综合类的设计大赛，其中涉及文创产品开发的竞赛单元主要有三个，它们分别是："紫金奖·文创产品设计综合赛""紫金奖·博物馆文化创意设计赛""紫金奖·老字号企业定制设计赛"。这三个竞赛单元从不同的主题出发，努力推动江苏省的文化创意和设计服务与相关的产业融合发展，同时为文创领域培育文化创意新生代力量。

"紫金奖·文创产品设计综合赛"主要围绕中华优秀传统文化展开设计竞赛，努力为中华优秀传统文化的传承与创新提供"中国方案"，这一竞赛单元既注重文创作品的创造性转化，也讲求跨界融合。值得一提的是，这个单元还特别强调产品设计的环保属性，鼓励创作者使用环保材料进行创意设计，突出其"艺术融入技术，生活融合文化"的设计理念。

"紫金奖·博物馆文化创意设计赛"主要围绕国内文博优质资源展开文创产品

设计竞赛，鼓励设计者利用我国博物馆和文物保护单位等文物资源对中华优秀传统文化进行创造性的转化，提高大众对历史文物的审美水平，引导博物馆文创积极贴近时代、融入日常生活。

"紫金奖·老字号企业定制设计赛"要求设计者围绕当前城市发展的特点，立足于老字号品牌和企业的商业价值和历史传承，结合老字号品牌的历史文化特色、城市旅游产业、市场消费需求等方面，设计出引领新消费、新潮流的老字号品牌文创和营销新方向。

（二）锦州长城宣传片《古长城》

2017年，为了纪念长城被列为世界文化遗产30周年，锦州市文化广电新闻出版局"锦州文化"联合"马讯传媒"共同制作出品了辽宁古长城宣传片《古长城》，整个视频全长2分48秒。这不到3分钟的时长却耗时三年之久，最终成片由"锦州文化"发布在各大互联网在线平台，以飨观众。

在拍摄宣传片的三年里，锦州广播电视台制作部原主任、导播——马讯，退休后带领"马讯传媒"团队，看遍了辽宁西沟长城与锥子山长城的每个角落，他们驱车在近500千米的路途中往返数十次，寒来暑往，走过了3000余千米的路程。拍

辽宁古长城宣传片《古长城》中的辽宁长城

摄团队利用斯坦康尼、无人机等专业设备配合定点、多点、延时、特技等摄影技术，记录下了辽宁境内古长城无数的精彩瞬间。在三年的拍摄过程中，团队也收到了一大批热爱长城的摄影家、长城保护事业的志愿者等社会团体的热心帮助。

马讯在"锦州文化"微信公众号平台上说道："一直以为长城就是八达岭的雄浑壮阔，没想到在辽宁与河北交界的地方还有如此绝美的长城遗迹，每年的每个季节来这里拍摄都会有不同的感受。由于这里地势险要、人烟稀少，加上自然风化、山体滑坡、年久失修等诸多原因，为长城的保护带来了极大的困难。所以我想通过全方位的影像记录留住长城遗迹、留住中华文明、呼唤更多的人全面参与到保护长城的职责中来。"[1]

30年前的1987年12月，长城被列入《世界文化遗产名录》，2002年该名录又将辽宁绥中县九门口长城拓展其中，辽宁长城正受到世界的青睐与保护。30年后的今天，锦州人民通过影像再次走近长城、爱护长城，并通过宣传片《古长城》续写长城的辉煌历史。

扫码观看《古长城》

【视野拓展】文创的科技表达——视觉特效技术

科技对文创的参与和影响愈发深刻，随着4K（4096×2160分辨率）/8K（7680×4320分辨率）、全息成像、5G（第五代移动通信技术）等技术的发展，虚拟文创内容创新不断地刷新着人们的认知与感官享受体验，文创的科技表达实践正在提供一种更加沉浸的体验，让人们在使用文创产品的过程中也体验到科技的进步与发展。

视觉特效（Visual Effects，简称VFX），即特殊视觉效果。是一种通过创造图像和处理真人拍摄范围以外镜头的各种处理技术，特效技术往往是真人镜头和计算

1. 锦州文化微信公众号. 锦州人耗时三年拍摄的《古长城》绝美大片.（2017-12-09）.［2023-03-04］. https://mp.weixin.qq.com/s/oVZmOfghqOneWPR-2FH_jg.

机程序创制、合成的视觉影像，成本十分高昂，往往多见于电影大片中，如张艺谋导演的特效电影作品《长城》。

电影《长城》中的长城特效画面

通过视觉特效技术可以给观看者强烈的视觉感官刺激，再配合声音特效，可以带给人身临其境的现场感。色彩、线条、立体、平面、二维空间、三维空间在特效技术下可以灵活转换，平面与立体可以瞬间完成，激发观看者无限的想象力。虚拟文创审美越来越依靠科技的力量，人们的审美阈值也在科技的助推下水涨船高，有时甚至让人无法分清背后到底是文化还是科技更具有吸引力。

（三）10集长城集文化专题宣传片《辽宁长城》

由辽宁省文化部出品的10集长城文化专题宣传片《辽宁长城》通过每集30分钟的珍贵画面展示和专家的深入讲解，全面细致地展现了辽宁省境内总长约2350千米的长城资源。在这长达5个小时共10集的视觉盛宴里，观众可以领略古老的燕长城遗址，发现汉代墩台障塞，窥见万里长城东起点的真相，了解辽东军事防御体系的构成，见证这一重要文化遗产是如何成为凝结中华民族几千年来物质与精神力量的图腾。

在10集宣传片中，辽宁省文物考古研究所所长、研究员吴炎亮，研究员冯永谦与辽宁省博物馆原馆长、研究员王绵厚等专家学者还为观众讲解了关于辽宁长城的相关背景与知识。

10 集长城文化宣传片《辽宁长城》播出情况

集数	播出平台	节目名称	涉及长城
第 1 集		雄伟壮丽中国龙	辽宁长城概况
第 2 集		托边五郡筑长城	辽宁长城历史
第 3 集		绕山越谷筑墩台	辽东故塞
第 4 集		东起鸭绿绵万里	辽东边墙
第 5 集	辽宁文化云在线平台	筑城辽西绿护家园	辽西长城
第 6 集		筑城辽东御女真	辽东镇长城
第 7 集		统御辽东两重镇	辽东镇长城
第 8 集		戍守屯田卫所城	辽西长城
第 9 集		京东首关九门口	九门口长城
第 10 集		长城血脉千古传	长城守护人

由辽宁省文化演艺集团（辽宁省公共文化服务中心）重点打造、辽宁省文化艺术研究院（辽宁省文化资源建设服务中心）负责技术保障的数字文化项目——"辽宁文化云"，是一个集文化信息宣传、公共文化服务于一体的具有辽宁地方特色的一站式文化服务平台。

2022 年 4 月，在辽宁全省抗击新冠肺炎疫情的特殊时刻，为了弘扬中华优秀传统文化，满足人们居家工作生活的精神文化需求，辽宁文化云特别推出了"'最辽宁'文化专题片展播"主题活动，12 部与辽宁地域文化相关的系列专题片在云端展播，《辽宁长城》也位列其中。这 10 集的内容分别为：

第 1 集 《雄伟壮丽中国龙》

内容介绍：本集作为该系列的第一集从整体上介绍了中国万里长城的概况。从春秋战国时期的军事防御工事"楚方城"，即长城最初的原型讲起，并引出了现存于辽宁省大连市大连湾街道的辽代长城遗址"哈斯罕关"的相关情况介绍。

《雄伟壮丽中国龙》中辽宁长城相关内容

第 2 集 《托边五郡筑长城》

内容介绍：本集由著名考古学家、辽宁省博物馆原馆长李文信 1943 年在内蒙古自治区赤峰市老哈河一带调查"失踪的燕国长城"相关的考古调查经历讲起，介绍了战国燕长城的修建历史与现存于辽宁省建平县境内保存最为完好的蛤蟆沟脑段燕长城、下霍家地城址、八达营子城址等地的相关情况。

《托边五郡筑长城》中辽宁长城相关内容

第 3 集 《绕山越谷筑墩台》

内容介绍：本集主要讲述了汉代修建的"障塞"，即汉代修建的长城——"辽东故塞"，以及现存于辽宁省沈阳市上伯官村的青桩子城址（汉代障城城址）、辽宁省抚顺市靠山北山汉代烽火台、辽宁省朝阳市建平县奎德素镇八家子农场烽火台等相关文物挖掘与研究情况。

《绕山越谷筑墩台》中辽宁长城相关内容

第 4 集 《东起鸭绿绵万里》

内容介绍：本集详细介绍了明代长城东端起点的真相。根据《明史·兵志》记载："长城东起鸭绿，西至嘉峪，绵亘万里，分地守御。"明代长城东段的起点在鸭绿江的西岸，本集为观众揭秘了辽东段长城是如何被历史的记忆抹去以及其真实的历史原因。

《东起鸭绿绵万里》中辽宁长城相关内容

第 5 集 《筑城辽西绿护家园》

内容介绍：本集讲述了明代北部部族在南迁辽西河套地区时威胁汉人的起因与经过。从 1437 年开始，辽东都指挥使毕恭开始由东向西修建辽河套段地区长城的这段历史，由此引出了与此段长城接壤的辽西各段长城的情况，包括现位于辽宁省义县境内的北沟长城、绥中县的锥子山长城等。

《筑城辽西绿护家园》中辽宁长城相关内容

第6集 《筑城辽东御女真》

内容介绍：本集讲述了明代为了应对女真族的侵袭，在辽东地区修建长城的历史过程。辽宁东部多为山地地区，河流众多，辽东地区的长城与自然山川融为一体，现存于辽宁省本溪满族自治县碱厂镇的三段长城就是辽东长城的代表。

《筑城辽东御女真》中辽宁长城相关内容

第7集 《统御辽东两重镇》

内容介绍：本集介绍了明朝为了防御与管理的需要，在明长城沿线设置了九个防守区域，也称"九镇"或"九边"。位于辽东地区的"九边之首"——辽东镇则是明代北部边防最北边的军事重镇。本集主要讲述了辽阳和广宁两个军事重镇的辉煌过去与城墙遗迹。

《统御辽东两重镇》中辽宁长城相关内容

第8集 《戍守屯田卫所城》

内容介绍：本集向观众介绍了明朝为了扼守辽西走廊所建立的卫所城市和"兵农和一"的戍边制度。并向观众介绍了明代广宁县前屯卫中前所城，即现在的绥中县前所镇将士戍边屯田的情况，这座所城也是现今全国保存最完好的一座屯田卫所城。

《戍守屯田卫所城》中辽宁长城相关内容

第9集 《京东首关九门口》

内容介绍：本集是对辽宁省绥中县九门口长城历史面貌和修缮考古过程的全面介绍。1989年6月，九门口长城的修复全部竣工，共修复墙体816延长米，水门九道，围城两座，敌楼四座，内门站台各一处，南北防护堤800延长米。

《京东首关九门口》中辽宁长城相关内容

第 10 集 《长城血脉千古传》

内容介绍：本集介绍了辽宁省绥中县长城文物管理处原副主任王云刚几十年如一日的长城调查、考古、养护工作；锦州市文化志愿者张嘉鹏对辽宁境内长城的拍摄与探索；长年拍摄西沟长城的中国摄影家协会会员王建华等人与长城的故事。是这些"长城守护人"与长城割舍不了的血脉亲情使巍巍长城和它的精神代代相传。

《长城血脉千古传》中辽宁长城相关内容

Bilibili视频网站UP主"摸鱼事务所"

【视野拓展】"摸鱼事务所"文创产品开箱视频——文创还可以更"出圈"

Bilibili 视频网站（以下简称 B 站）UP 主（该网站对视频创作者的称呼）"摸鱼事务所"拥有 147 万粉丝，专注于创作"开箱"各种稀奇古怪商品的长视频内容。

"摸鱼事务所"的开箱视频是在每期 10 分钟

至 30 分钟不等的视频时长内，拆开自己购买或别人赠予的商品向观众展示，并向观看者讲述自己对物品使用的体验过程。

B站"摸鱼事务所"河南博物馆"考古盲盒"开箱系列视频相关内容[1]

在"摸鱼事务所"开箱的众多物品中，文创产品开箱也是深受粉丝喜爱的一类视频。很多粉丝通过观看他创作的此类视频了解到文创产品的相关信息并进行购买。其开箱的河南博物馆"考古盲盒"系列视频每期播放量均在百万以上，观众通过弹幕、评论参与整个开箱过程，其中一些弹幕内容妙趣横生，更增加了大家对被开箱的文创产品的好奇心，观众观看完毕视频后也会对视频进行转发、分享，还有的网友通过其视频下方的评论功能与河南博物馆进行"喊话"互动，这些"喊话"或是为其文创产品提出意见，或是催促其尽快补货，这种互动行为也十分有趣。

"摸鱼事务所"的文创产品开箱视频将文创的社交属性充分发挥，也让更多人了解到新奇的文创产品，文创开箱视频在为文创产品代言的同时，也延长了文创产品的产业链，启发了辽宁长城文创产品的营销新模式。值得一提的是，针对年轻消费群体进行内容创作，是对互联网思维的充分运用，也是对时下年轻消费群体消费喜好与需求的深度揣摩，因为在社交网络上，文创产品的社交价值要远大于其使用价值。

1. 摸鱼事务所. 我们这一期买来了网上非常火的考古盲盒吗？. （2021–01–08）. [2023–04–12]. https://www.bilibili.com/video/BV1zv411x758/?spm_id_from=333.999.0.0&vd_source=0d39a968c354ea7e4f7ef10208f27888.

今天我拿到了来自河南博物院的修复盲盒…

115万　2021-6-24

我们这一期终于买来了网上非常火的考古盲盒…而且是从官

225万　2021-2-19

我们这一期买来了网上非常火的考古盲盒…么？

199.9万　2021-1-8

B站"摸鱼事务所"——"考古盲盒"开箱系列视频

二、辽宁长城文化纪录片

辽宁长城文化纪录片虚拟文创对辽宁省境内的长城及当地的风土人情进行了介绍与刻画，长城文化纪录片虽然是长城文创组成的一小部分，但凝练了长城文化的精髓，表现出辽宁境内长城所在地的地方魅力，彰显出长城与城市的人文精神面貌。特别注意的是，央视中文国际频道曾制作多档与辽宁长城相关的文化纪录片，可见长城文化对外传播的重要性，而省级卫视也不甘落后，发挥地方优势着重刻画辽宁长城保护中的地方风景与志愿活动。

（一）央视《长城内外》大型系列旅游纪录片

《长城内外》是由中国中央广播电视总台央视中文国际频道《远方的家》栏目组，在2015年制作并推出的大型系列特别节目。节目以长城为主线，通过寻找长城历史印记，聚焦时代变革、家园美丽与人性光辉。

节目组从明长城东端起点辽宁省出发，一路向西行，走访了辽宁、河北、北京、山西、陕西、宁夏、甘肃、青海等省市区境内的明长城遗址。除此之外，还探访了湖北、贵州、山东、河南、内蒙古、新疆等省区现存的春秋战国、北魏、北齐、辽、金时期的长城遗址，该节目是电视媒体首次对长城进行长距离、大体量的全景式记录。

《远方的家》系列节目《长城内外》

节目同名主题曲《长城内外》由我国著名歌手韩磊演唱，节目于 2015 年 9 月 28 日在中央广播电视台中文国际频道（CCTV-4）首播，播出时间为每周一至周五的 17 点 15 分，同时上线央视网在线平台，每集时长 45 分钟，共 194 集。其中涉及辽宁省境内明长城的集数为前 12 集。

央视《远方的家》栏目大型系列特别节目《长城内外》辽宁长城播出情况

地区	播出时间	集数	节目名称	涉及长城
丹东	2015 年 9 月 28 日	第 1 集	万里长城　东起虎山	虎山长城
	2015 年 9 月 29 日	第 2 集	徒步辽东边堡	辽东边堡
本溪	2015 年 9 月 30 日	第 3 集	长城脚下是故乡	辽东边墙
抚顺	2015 年 10 月 1 日	第 4 集	满族故里　启运之地	辽东长城
	2015 年 10 月 2 日	第 5 集	辽东明珠——抚顺	辽东长城（抚顺关遗址）

地区	播出时间	集数	节目名称	涉及长城
铁岭	2015 年 10 月 5 日	第 6 集	北望长城　多彩铁岭	辽东长城
阜新	2015 年 10 月 6 日	第 7 集	我家门前是长城	辽西长城
锦州	2015 年 10 月 7 日	第 8 集	防线变家园	辽东长城
	2015 年 10 月 8 日	第 9 集	镇山医巫闾	辽东长城（分税关长城）
朝阳	2015 年 10 月 9 日	第 10 集	辽西明珠　龙城朝阳	战国燕长城
锦州	2015 年 10 月 12 日	第 11 集	跨越千年的旅程	辽东长城
葫芦岛	2015 年 10 月 13 日	第 12 集	关山福地　向海之门	锥子山长城

以下将分集对这 12 集的具体内容进行介绍：

第 1 集　《万里长城　东起虎山》

内容介绍：虎山长城是万里长城的东端起点，虎山位于丹东市区东北方向约 20 千米，与朝鲜隔鸭绿江相望。辽宁省丹东市与朝鲜一江之隔，在丹东的沿江街道，还有一些悬挂中朝两国国旗的餐馆格外引人注意，丹东沿江又沿海，有很多好吃的江鲜海鲜，记者就来到当地的市场带领观众一起寻找当地有名的水产品。

《万里长城　东起虎山》中辽宁长城相关内容

扫码观看《长城内外》01

第2集 《徒步辽东边堡》

内容介绍：本期节目将继续丹东的行程，记者将带观众一起探访明代老城和边墙遗址、明代辽东边墙最东端的堡城——江沿台堡，和记者一起感受450年前驻军将士的边关生活。还能和记者一道探寻明朝军队在丹东地区的大本营——险山堡，了解城墙的建筑特点，逛奇石城，看红山文化玉料源出宽甸。

《徒步辽东边堡》中辽宁长城相关内容

扫码观看《长城内外》02

第3集 《长城脚下是故乡》

内容介绍：本集记者来到本溪城区寻访辽东边堡的长城，这里的长城也叫边墙，位于清河城镇遍布群山峻岭之间，防御性质非常明显。接着，记者来到本溪城内桦皮峪村的边墙，这里的长城存在上百年时光，被村民很好地保存起来，作用更多的是文化区分线，军事防御功能比较弱。山下的桦皮峪村村民通过种植野生榛子林地来养家糊口，生活十分宁静和惬意。本溪是一座筑造在森林之间的城市，记者跟随村民张涛来到当地有"东北小黄山"之称的关门山，体验挖野山参的自然之旅。记者随后还跟随张涛到关门山下捉蝲蛄，体验关门山丰富的水产资源。

《长城脚下是故乡》中辽宁长城相关内容

扫码观看《长城内外》03

第4集 《满族故里　启运之地》

内容介绍："长城内外"摄制组继续明长城之行，此次来到辽宁省抚顺市新宾满族自治县。游览古老而又沧桑的烽火台，聆听承载着久远历史记忆的诉说；走进赫图阿拉古城，探访努尔哈赤的出生地；在满族农家小院，品尝满族传统美食；参加满族婚礼，感受满族婚俗的独特魅力。

《满族故里　启运之地》中辽宁长城相关内容

扫码观看《长城内外》04

第 5 集 《辽东明珠——抚顺》

内容介绍：本集记者胡鑫来到关岭村寻访抚顺关遗址，了解当地"抚顺关与马市"字样的石碑。在浑河大桥感受抚顺关的重要地理位置，在高尔山上俯瞰抚顺市的全貌，了解抚顺的历史与现在。

《辽东明珠——抚顺》中辽宁长城相关内容

扫码观看《长城内外》05

第 6 集 《北望长城 多彩铁岭》

内容介绍：明朝时铁岭是重要的战略要塞，明长城的最北端就在这里，铁岭境内的明长城呈"几"字形分布，全长 200 多千米。本期节目继续明长城之行，记者探访了辽东明长城最北端的历史，徒手绘丹青领略铁岭手指画独特魅力，走进朝鲜族村落看朝鲜族秋夕节不一样的习俗。

《北望长城　多彩铁岭》中辽宁长城相关内容

扫码观看《长城内外》06

第7集　《我家门前是长城》

内容介绍：本期节目记者来到辽宁省阜新市继续长城之旅，在山脊之上看明代长城遗址，走进长城脚下的蒙古族村庄，品尝地道的蒙古族馅饼，赏精美玛瑙并走访当地人自己筑建起的绿色长城。

《我家门前是长城》中辽宁长城相关内容

扫码观看《长城内外》07

第8集 《防线变家园》

内容介绍：本集制作组翻山越岭寻找辽东长城的印记，而高耸的烽火台却没有上下的阶梯，曾经用于屯兵的堡城如今已经成为迁移族群的乐居家园。探寻一道来自南方的美食在辽宁长城脚下的落地生根，还探访了沟帮子熏鸡美味独特的秘方。

《防线变家园》中辽宁长城相关内容

扫码观看《长城内外》08

第9集 《镇山医巫闾》

内容介绍：本集在军事城堡中居住了300多年的人家将为我们讲述遥远的家国历史。一座北方的镇山引来历代帝王频繁祭拜、千年古松与神奇的古井诉说着不为人知的前尘往事，原始森林造就天然氧吧，千年古松彰显自然的神奇。

《镇山医巫闾》中辽宁长城相关内容

扫码观看《长城内外》09

第 10 集 《辽西明珠 龙城朝阳》

内容介绍：本期节目将带观众一起去寻找距今 2000 多年历史的战国燕长城，感受中国人自古渴望和平、守卫家园的美好愿望。还将走进古生物化石王国，欣赏地球上绽放的第一朵鲜花，欣赏民间艺术家在普通的玉米皮上烙画，小小的杂粮却帮助山里人过上幸福生活。

《辽西明珠 龙城朝阳》中辽宁长城相关内容

扫码观看《长城内外》10

第 11 集　《跨越千年的旅程》

内容介绍：本集摄制组继续追寻辽东长城的行程。明朝辽东镇长城从 1442 年开始建造，古人依据不同的地势特征因地制宜，就地取材，历经 27 年建造了一条总体长度达到 2350 千米的辽东镇长城；在义县城内有一座近千年的寺庙——奉国寺，从辽代保存至今；凌河口湿地是全球鸟类三大迁徙路线南线最主要的一站；以上内容都将在记者的带领下一同领略。

《跨越千年的旅程》中辽宁长城相关内容

扫码观看《长城内外》11

第 12 集　《关山福地　向海之门》

内容介绍：这一站来到辽宁省葫芦岛绥中县。记者谭文颖带您徒步锥子山长城，俯瞰三条长城交会的奇观；寻访"京东首关"，欣赏万里长城中唯一的水上长城；走访一座曾经的宫殿和一条神秘的海上甬道，探秘它们之间的联系，跟随水下考古专家，探秘埋藏了千年的历史。

《关山福地　向海之门》中辽宁长城相关内容

扫码观看《长城内外》10

【视野拓展】中国台湾文创 1——文创"双品牌"合作开发经营模式

中国台湾历史博物馆创立于 1955 年，多年致力于研究博物馆文创的经营模式，并首创"双品牌"合作开发经营模式，即通过与企业开展合作，引进资源与人才，进行文创资源共同开发。再通过博物馆文创商店进行创意文创推广，促进企业主动参与，创造共赢的合作关系，拓展整个博物馆品牌的形象与效益。

开设在中国台湾历史博物馆四楼的"常玉咖啡馆"，就是通过企业招投标形式，授权给中国台湾知名企业"旺旺中时媒体集团"旗下的"时艺多媒体传播股份有限公司"经营，二者通过合作开发经营常玉艺术衍生品，如常玉的高仿复制作品、艺术衍生品等。咖啡馆使用的器皿、杯

中国台湾历史博物馆

垫也多为常玉旗下的艺术衍生品，以上合作体现了中国台湾历史博物馆与企业商标的"双品牌"价值。[1]

中国台湾历史博物馆四楼"常玉咖啡馆"

（二）央视《大好河山》文化旅游系列纪录片

《大好河山》是由中国中央广播电视总台央视中文国际频道《远方的家》栏目组，在2018年10月9日上线的一档文化旅游系列纪录片。节目自2018年开播至2022年结束，每周一至周五17时15分在央视中文国际频道（CCTV-4）播出，每集时长45分钟，同时在央视网在线平台同步上线。

该系列从第13集至第19集的主题为"守望长城"。其中，第13集《万里长城起辽东》作为该系列的第1集，从地球上的七大奇迹之一长城的东端起点辽东开启展示，向观众由东向西介绍了这座世界上独一无二的伟大工程。在浩瀚的历史长河中，经历刀光剑影，见证荣辱兴衰，时至今日，长城依然身躯伟岸、昂扬挺拔。它不仅是举世闻名的建筑神话，更是中华民族的智慧结晶和宝贵财富，被人们世代赞颂和守望，成为一个不朽的传奇。

1. 中时新闻网. 史博常玉咖啡馆　品味中法艺文情怀.（2016-10-25）.［2023-04-12］. https://www.chinatimes.com/cn/realtimenews/20161025002727-260405?chdtv.

扫码观看
《大好河山——守望长城》

《大好河山》中辽宁长城相关内容

【视野拓展】中国台湾文创 2——首创"公益文创"

中国台湾历史博物馆首创全岛"公益文创"计划，该计划包含：文创产业、社福文创、产业文创三个框架，旨在增加博物馆的社会意义与公共性，公益助力文创产业的方式是中国台湾省博物馆文创发展中独树一帜的亮点。

文创产业，通过借助中国台湾历史博物馆自身的影响力，以日常策展、数字博物馆典藏展览，培养大众审美，培养文创消费群体，完善文创元素的传播、销售渠道。

社福文创，即文创在社会福利和社会公益方面承担的社会责任。社福文创为志在文创行业的社会弱势群体伸出援手，向他们普及文创知识并帮助他们加入文创产业，提升就业附加值，以文创产业成就社

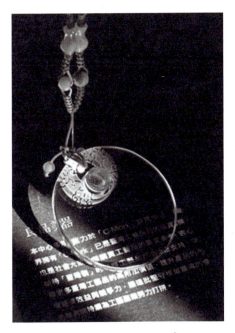

文创产品"高升如意放大镜坠链"[1]

---

1. 赵澄. 公益文创奏响"双品牌"——中国台湾历史博物馆文化创意产业行销策略 [J]. 南京艺术学院学报（美术与设计），2019（01）：180–184.

第四章　辽宁长城虚拟文创

131

福事业。中国台湾历史博物馆曾推出"琉璃点亮计划",以馆内典藏著名画家溥心畲的作品为原型,邀请十位设计师参与设计,整合十家民间企业资源参与,并与社会团体"胜利琉璃"小儿麻痹症之家合作,设计开发了十件中国台湾历史博物馆文创衍生品,并开展了"参与、感动、琉璃点亮:公益文创特展",在这次展览中文创产品"高升如意放大镜坠链"广受参观者的喜爱。

产业文创,是将企业组织起来,提供文创内部培育活动。鼓励企业和企业员工参与到文创活动中,培养潜在的文创消费群体。

(三)央视《世界遗产在中国》高清系列纪录片

《世界遗产在中国》是由中国中央广播电视总台央视中文国际频道《远方的家》栏目组,在2020年制作并推出的38集高清系列纪录片节目。《世界遗产在中国》项目集合了中国各个相关领域的专家,以国际化的视角,对中国的自然文化以及人类口述和非物质遗产进行了一次最具权威性、系统性、科学性的介绍与诠释。

为了保证影片质量,制作方投入了2660万元人民币,集中了一大批优秀的国内外纪录片创作人员;采用世界上最先进的高清(HD)制作技术;运用航空拍摄、水下摄影等多种特殊拍摄手段。据不完全统计,先后有超过200人次的创作人员深入到中国的33处遗产地(项目),采访专家学者等近300余人,行程10万千米,拍摄素材约5万分钟。这个项目成为中国纪录片史上制作时间跨度最长、制作规模最宏大的一次创作活动。

节目组历经七年拍摄制作首次以高清纪录片的方式,系统、集中地展现了中国2008年前列入联合国教科文组织《世界遗产名录》的33处自然遗产、文化遗产以及人类口述和非物质遗产,包括4处自然遗产、4处文化和自然遗产、3处人类口述和非物质遗产、22处文化遗产,展现五千年的历史文化和五十六个民族的风土人情、歌舞音乐等。这部纪录片可以说是一部展示中国世界遗产的百科全书。其中,涉及辽宁长城的节目内容分别在第13集《雄关漫道》(上)、第16集《长城独秀》

与第 17 集《回望长城》中。

**央视《远方的家》栏目大型高清系列纪录片《世界遗产在中国》
辽宁长城播出情况**

地区	播出时间	集数	节目名称	涉及长城
辽宁	2020 年 3 月 27 日	第 13 集	雄关漫道（上）	辽宁长城概况
丹东	2020 年 4 月 1 日	第 16 集	长城独秀	虎山长城
葫芦岛	2020 年 4 月 2 日	第 17 集	回望长城	九门口长城

以下将分集对这 3 集的具体内容进行介绍：

第 13 集 《雄关漫道》(上)

内容介绍：本集总体上说明了在中国的众多世界遗产中，长城不同于其他世界遗产的奇特之处在于，长城几乎跨越了大半个中国，但以雄关存旧迹，但留形胜壮山河。本集在节目开头处就介绍了长城跨越辽宁境内和其他各省市的情况。

《雄关漫道》（上）中辽宁长城相关内容

《雄关漫道》（上）中辽宁长城相关内容

扫码观看
《世界遗产在中国》13

第 16 集 《长城独秀》

内容介绍：本集介绍了在绵延逶迤的世界遗产之上，有许多独树一帜的景致值得回味，其中就包括了辽宁省境内的虎山长城和九门口长城，本集 21 分钟至 33 分钟处，着重对位于辽宁省葫芦岛市绥中县的九门口长城及其 2002 年被拓展至《世界遗产名录》进行了详细的介绍。

《长城独秀》中虎山长城相关内容

《长城独秀》中辽宁长城相关内容

扫码观看
《世界遗产在中国》16

第 17 集 《回望长城》

内容介绍：本集回顾了《远方的家》节目组自 2015 年起对长城的探索与追寻之旅。以辽宁省的虎山长城为起点，重温了作为世界文化遗产的万里长城，从西周时期开始修筑，直到清朝康熙年间停止，跨越了 2000 多年历史，它因战争而生，因和平而终，长城在废弃了军事作用之后，已经成为文化符号与和平的象征。

《回望长城》中辽宁长城相关内容

扫码观看
《世界遗产在中国》17

【视野拓展】中国台湾文创 3——中国台湾松山文创园

中国台湾松山文创园

中国台湾松山文创园位于台北市东部的繁华地带，是由"中国台湾总督府"兴建，在被日本占领时期设作烟厂使用，所以园区内也保留了那个时期现代的建筑风格，朴素典雅、简洁实用，2001 年被中国台湾省认定为第 99 处历史遗迹。

近年来随着中国台湾文化创意产业的发展，松山文创园被设定为结合文艺活动、文创产品、设计展览的创意园，中国台湾创意中心与松山文创园合作开设了"中国台湾设计馆"，经常举办本土设计赛事"中国台湾金点奖"及其获奖作品的展出活动。

台北市政府在规划松山文创园时，期望透过旧有的城市空间再利用，借闲置空间提升都市生活的生活品质，实现社会效益与经济效益的最大化。同时松山文创园

第四章　辽宁长城虚拟文创

还注重对创意产业的扶持，其主办的"idea TAIPEI 创意工作营"旨在扶持中国台湾原创文创设计，还围绕这一主题开展讲座、创意合作社、创意橱窗等活动。

（四）央视《最美是家乡》系列精编纪录片

《最美是家乡》中国中央广播电视总台央视中文国际频道《远方的家》栏目组，在 2020 年编制并播出的系列精编纪录片节目，每集时长 45 分钟，现已播出 69 集，目前该节目还在持续更新中。

其中，第 36 集至第 39 集介绍的最美家乡是辽宁。在第 37 集《历史重镇　宝地辽东》中，以万里长城东端起点——丹东虎山长城作为开篇，向观众介绍了这里朝鲜族居民的独特文化风俗、抚顺垂直深度达 388 米的西露天矿、被称作"东北小黄山"的关门山，以及鲜美的蝲蛄豆腐。

上下两千年，纵横十万里。至此，就是央视《远方的家》系列节目中介绍到的关于辽宁境内长城的相关纪录片文创。这些记录长城光影瞬间的纪录片，贯彻了纪录片的纪实美学原则，采用了不同的视角、多重的维度、宽广的视野，用日常、真实、感人的镜头，讲述了长城文明在漫漫历史长河中不变的时代意义与现实观照。

《最美是家乡》中虎山长城相关内容

扫码观看
《最美是家乡》37

【视野拓展】中国台湾文创 4——台北华山 1914 文创园

中国台湾华山 1914 文创园是世界第三座红点设计博物馆。"红点博物馆"（Red Dot Design Award）源自于世界知名的德国"红点产品设计大奖赛"，其余两座分别是位于德国和新加坡的红点设计博物馆。[1]

这座文创园是在 1987 年台北酒厂迁出后的废弃场地上建设而成。追溯其建立的缘由是源于 1997 年一个中国台湾艺术团队在此地进驻排练受到了上诉，中国台湾演艺界得知此事后对酒厂进行了谴责，该事件也收到了多方声援，并间接促成了这座工业遗址的改造，同时增强了人们对废弃空间再利用的重视。

华山 1914 文创园酝酿建设 20 年，[2] 园区内不仅有特色各异的咖啡馆、异国美食餐厅，还在园区外的大草坪上设置了流动文创小铺，

中国台湾华山1914文创园

中国台湾华山1914文创园

1. 搜狐网. 中国台湾十大不可错过的文创园区.（2018-07-31）.[2023-06-08]. https://www.sohu.com/a/244495033_796596.
2. 浙江省创意设计协会网易号. 城市更新之文创园区的创新与发展.（2021-05-17）.[2023-06-08]. https://www.163.com/dy/article/GA6FR6TL0541BT1I.html.

出售原创手工文创作品，有包含原住民特色的首饰、手绘帆布包、木质挂坠等。

　　每个周末园区内人头攒动，不仅入园免费（部分特殊展览需付费），还设置了各种讲坛沙龙和台北大学生毕业作品展览等，在钢筋水泥的台北城市森林中，华山1914文创园源源不断地为这座城市输送着文创氧气，培养了市民的文创审美与文创消费。

（五）央视《探索·发现》栏目《玉雕长城》纪录片

　　《玉雕长城》纪录片是中国中央广播电视总台央视科教频道（CCTV-10）《探索·发现》栏目在2019年12月25日至26日，上线的一档关于辽宁岫岩巨型玉雕"万里长城"从策划到雕刻完成全过程的纪录片。

《玉雕长城》（上）中辽宁玉雕长城相关内容

扫码观看
《玉雕长城》（上）

　　关于岫岩的花玉玉石，有一句俗语"玉出东方，圣地岫岩"，2018年5月在辽宁省岫岩满族自治县的哈达碑镇，118吨的巨型玉体被搬进了辽宁雨桐玉文化博物馆，制作玉雕"万里长城"的方案经过反复讨论最终确定。由四位岫岩玉雕大师设计，30多位青年玉雕技师组成的团队，历时14个月完成，这是辽宁为新中国成立70周年准备的献礼，2019年5月，气势磅礴、美轮美奂的巨型玉雕"万里长城"

最终完成。

　　该纪录片分上下两集，在近 75 分钟的时长中，从中国的传统玉文化与长城文化的源头娓娓道来，不仅向世人展现了长城精神的源远流长，也反映出中国玉雕匠人们巧夺天工的雕刻技艺。两种中华优秀传统文化的结合注定是举世无双的，最终的成品近景细节之处犹如工笔画般精致，远景的空间观感又像是国画写意的留白。

《玉雕长城》（下）中辽宁玉雕长城相关内容

扫码观看
《玉雕长城》（下）

　　央视科教频道《探索·发现》栏目是一档以纪录片手法讲述中国的历史、地理、文化故事的大型人文历史与自然类纪录片栏目，也是科教频道的王牌栏目之一。栏目擅长在节目起始处设置引人入胜的悬念，本集《玉雕长城》也不例外，节目先从巨型玉石原体的发现讲起，运用生动的电视声画手段，向观众呈现了辽宁长城重点文创项目岫岩巨型玉雕"万里长城"的制作全程，十分具有观赏性，对长城文化与传统玉文化的传承也颇具意义。

【视野拓展】中国台湾文创 5——空间文创网红"眷村"

　　"眷村"是中国台湾历史进程中一种特殊的城市形态，它见证了在解放战争中失败的国民政府，从 1949 年至 1960 年这段时期从中国大陆各省市迁徙的国民党军及其眷属在中国台湾地区的生活状况，在中国台湾作家白先勇的小说里，眷村与眷村文化是其小说中常见的元素。

中国台湾"彩虹眷村"外貌

"彩虹眷村"创作者——退伍老兵黄永阜

"彩虹眷村"是中国台湾省现今留存下来的为数不多的网红眷村。这是一位中国台湾90多岁的退伍老兵黄永阜的涂鸦之作，无心的涂鸦之作激发了他的创作兴趣，最终他将眷村的街道、墙壁当作天然的画布，在上面创作出各种美丽的线条和动物，不仅美化了尘封已久的废弃眷村，他的举动还吸引了更多的涂鸦和艺术爱好者、公益组织等加入对网红眷村的创作和修整中来。在之后的建设中，他们还在"彩虹眷村"内设置了文创商店，进一步激发了中国台湾小乡村的文化活力与价值。

（六）央视纪录片《中国影像方志——辽宁卷绥中篇》

《中国影像方志》是中国中央广播电视总台央视科教频道（CCTV-10）播出的大型纪录片。该栏目自2017年5月首播，每天23点36分播出，每集40分钟，计划拍摄2300集以上。《中国影像方志》旨在为时代而歌，为人民立传，充分展示改革开放后尤其是党的十八大以来，我国各地经济社会建设取得的巨大成就和沧桑巨变，揭示中华优秀传统文化根脉，凝聚中国力量，讲好中国故事，增强文化自信。

《中国影像方志》以局部折射整体，以地方表达中国，从中华文明演进和历史发展进程的角度深刻解读中华文化的源远流长和博大精深，讲述生动传奇的地方故事，展示丰富多彩的地方文化，领略各具特色的风土人情，纪录当下中华民族为全面建成小康社会、实现中华民族伟大复兴中国梦的奋斗创新，彰显中华民族勤劳智慧、生生不息的伟大精神。

纪录片《中国影像方志》中辽宁长城相关内容[1]

在 2020 年 1 月 20 日播出的第 434 集《中国影像方志——辽宁卷绥中篇》中，节目讲解了辽宁绥中县的前世今生及绥中县境内长城的相关情况。辽宁省绥中县是在明代卫所军事体系遗存上的置县，西距山海关 35 千米的前卫镇，曾经是明代广宁前屯卫的所在地。[1]广宁前屯卫所辖的中前千户所，古城至今保存完好。作为现存最完好的明代所城建筑之一，中前所城成为全国重点文物保护单位。此外，小河口长城 3 号敌台是目前绥中砖砌长城中保存最完好的一座敌台。

本集的"古建记"章节还介绍了始建于明洪武十四年（1381）的九门口长城。因其关隘修筑在幽深的两山峡谷之中，有九道泄水城门连接横跨九江河，故称"九门口"。九门口的城门也是闸门，丰水期开闸放水，作战时落闸防卫，这种巧思绝

1. 央视科教微信公众号. 中国影像方志 | 绥中："一片石关"九门口长城展现军事水利奇观 山海连绵辽西太平鼓见证民族文化融合.（2020-01-19）. [2023-04-12]. https://mp.weixin.qq.com/s?__biz=MzAwNzE1ODA2OA==&mid=2651631416&idx=1&sn=1dfa12044789170ace4e32b81bf6613b&chksm=80fa6f63b78de675f04a4e72a034f07af30e37c22c9c2c86d6f8599bb4366cba81535216430e&scene=27.

伦的设计使九门口长城成为水利与军事两用的伟大建筑。

辽宁省绥中县长城文物管理处原副主任王云刚，1989 年从辽宁大学历史系文博专业毕业后一直致力于长城的研究。[1] 他还向观众揭开了九门口长城的河套处为什么由 12000 块石条铺就、4400 块燕尾铁铰连成，约 7700 平方米过水铺石用来保护城基，从而得名"一片石关"的真正原因。

纪录片《中国影像方志》中辽宁九门口长城相关内容 [1]

【视野拓展】中国台湾文创 6——中国台湾少数民族文创产业

中国台湾省中部地区的南投县信义乡拥有少数民族人口超过人口总数的一半，同时这里也是中国台湾省最大的青梅产地。

信义乡依托当地青梅种植产业，打造"梅子梦工厂"文创品牌，也将信义青梅酒打造成为中国台湾最具代表性的伴手礼之一。信义利用本地布依族文化设计系列酒品牌，将当地部落的人文特色、传说神话与生活场景相结合打造出"梅子跳

1. 央视科教微信公众号. 中国影像方志 | 绥中："一片石关"九门口长城展现军事水利奇观　山海连绵辽西太平鼓见证民族文化融合.（2020-01-19）.[2023-04-12]. https://mp.weixin.qq.com/s?__biz=MzAwNzE1ODA2OA==&mid=2651631416&idx=1&sn=1dfa12044789170ace4e32b81bf6613b&chksm=80fa6f63b78de675f04a4e72a034f07af30e37c22c9c2c86d6f8599bb4366cba81535216430e&scene=27.

舞""青梅竹马""长老会说话"等系列青梅酒品牌。其中，"长老会说话"还被作为梅酒品牌的头部品牌进行扶持发展，希望人们举杯共饮这款酒的时候，就能联想起部落庆典仪式中"以长老为权威"的习俗，为饮酒带来更多仪式感。

中国台湾省南投县信义乡"梅子梦工厂"文创品牌

信义乡农会还为青梅酒打造了虚拟卡通形象，并建设梅子梦工厂园区，形成当地独特的梅子产业文化，还通过定期举办"踏雪寻梅""梅姿容颜"摄影展为当地梅产品推广。中国台湾与之相类似的品牌化打造还有"小米唱歌"米酒，它在电影《海角七号》中进行广告植入，也掀起了一阵购买热潮。

中国台湾省信义乡梅子产业文化

（七）辽宁卫视《我家住在九门口》纪录片

2018年4月23日，纪录片《我家住在九门口》在辽宁卫视《风物辽宁》栏目播出。该纪录片围绕住在辽宁绥中县九门口长城脚下的三位主人公展开，他们分别是：长城风光摄影师刁鹏柱、绥中县新堡子村村民吴勇、绥中县新堡子村村主任吴晶，近25分钟的节目讲述了他们与九门口长城的点点滴滴。

辽宁卫视《风物辽宁》栏目——纪录片《我家住在九门口》　　纪录片《我家住在九门口》中辽宁长城相关内容

　　长城风光摄影师，这是刁鹏柱现在的身份标签。十年前，他举家从辽宁锦州搬到葫芦岛绥中县明长城附近，只为了一件事儿，就是用全部的时间、全部的精力，创作拍摄辽宁境内的长城，该集节目就从他拍摄辽宁绥中县九门口长城的平凡一天开始讲述。

　　吴勇不仅家就住在九门口长城脚下的绥中县新堡子村，同时他也是九门口长城景区内的一名普通商户。这些年，他见证了九门口长城景区的建设，景区让像他一样的普通村民一天比一天富裕，吴勇也期盼着九门口长城与景区、新堡子村与村民们都拥有更加美好的未来。

　　绥中县新堡子村毗邻"九门口世界文化遗产"，地理位置十分优越。吴晶作为绥中县新堡子村村主任，他的一天从为了保存新堡子村古村落的规划工作开始。新堡子村最初就是由镇守长城城楼的士兵所形成，吴晶的工作就是尽自己所能去维护和修复这些即将消失的古村落与文物，保存好家门口的长城为世人留下的物质与精神双重遗产。

【视野拓展】中国台湾文创7——日星铸字行

　　日星铸字行是台北最后一家铸字行，它拥有整个华语世界最后一批繁体铅字铜版印模，也因此受到中国台湾出版业和文创界的青睐。他们设计的"铅字小礼盒"、活版字体库兼具怀旧与创意属性，同时他们还向年轻人传授活字印刷技术，成为赴台旅游时必须打卡的汉字圣地。

中国台湾省日星铸字行

中国台湾省日星铸字行中的铅活字

当前，尽管数字印刷已成为出版印刷界的主流，但在此之前报纸、书籍等的印刷多采用铅字排版印刷。首先，烧制到350℃高温的熔炉将铅块融至铅水状态；然后，再小心倒入铸字机的模具进行冷却、脱模、修边、抛光处理；最终成为一枚字体优美的铅活字。这一过程就是中国四大发明之一活版印刷的魅力所在。

日星铸字行的传人张介冠先生凭借多年的匠心与坚持，延续了中华优秀传统文化的命脉，并在中国台湾文创产业兴起的浪潮中让台北独一家的日星铸字行再次走进大众的视野，是中国台湾文创界不可忽视的一道风景线。

（八）纪录电影《爱我长城》

纪录电影《爱我长城》主要讲述了2017年冬天，"九〇后"长城摄影师杨东，接受了纪录电影《爱我长城》摄制组的邀请，希望他能为老红军王定国老人拍摄一张她心目中长城照片的任务。于是，他从我国长城最东端辽宁丹东虎山长城到新疆边境最西端的长城，一路了解老红军王定国和在她的感召下几代人保护长城的精彩故事，并一路发扬长城精神拍摄各地的长城风光，该片也在2018年平遥国际摄影展上获得广泛关注。

《爱我长城》由导演宋献伟拍摄，该片于2021年3月5日上映。作为中国第一部全景式4K高清展现老红军王定国老人及在其感召下几代人进行长城保护故事的纪录电影，该片曾荣获中国电视艺术家协会颁发的"第十三届中国旅游电视周"最佳专题片奖、2021 年"国防军事电影盛典优秀影片奖"、2020 年戛纳地中海电影节"特别奖项单元"最佳纪录片奖。

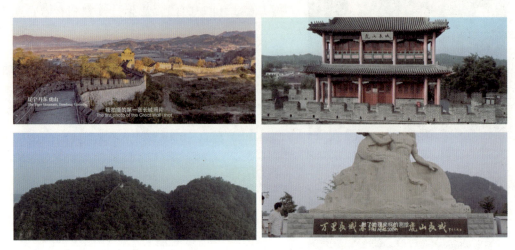

电影《爱我长城》中辽宁虎山长城相关内容

　　在这部纪录电影中，摄影师杨东拍摄的第一张长城照片就是来自他家乡的辽宁丹东虎山长城。2017 年夏天，杨东随中国长城研究院院长，中国古建筑文化遗产研究委员会主任，中国长城学会副秘书长，东北大学教授、博士生导师赵琛，一起来到了万里长城的东端起点辽宁丹东虎山长城，并对其进行调查与拍摄。拍摄过程中，二人就万里长城东端起点的问题进行了深度探讨，在此杨东似乎也找到了他要为王定国老人拍摄一张长城照片的真正意义所在。

【视野拓展】中国台湾文创 8——中国台湾与扬州的文创合作发展

　　江苏省扬州市自 2015 年起就开始参加福建厦门海峡两岸文博会，通过打造"扬州天下""诗画扬州"等主题展馆，展示扬州的传统漆器、玉雕、刺绣、陶器等文创产品，以推进两岸文创产业的合作与交流。除此之外，扬州市还举办扬州文博会、"海峡两岸"扬州文化创意设计大赛等活动，为两岸文创精品和新鲜创意打造舞台。目前，扬州与中国台湾两地的文创合作发展模式由中国台湾省提供文创人才，扬州市提供文创发展场所和市场，并由中国台湾人才主导营销经营，最终实现台扬两地的利益共享。

　　扬州拥有丰富的历史文化底蕴和可观的文创市场及消费群体，吸引着中国台湾文创人才的加盟。同时扬州市政府也非常重视文创产业的发展，先后出台了《关于扶持发展扬州非物质文化遗产产业的意见》等一系列政策文件，并为产业提供扶持基金。

福建厦门海峡两岸文博会

福建厦门海峡两岸文博会"诗画扬州"主题展馆

　　而中国台湾文创产业经历了"黄金十年"（2010 年至 2020）的发展，形成了包含艺术、媒体、设计、数字产业在内的 15 项具体产业，拥有良好的文创发展环境。如何结合中华文化的深厚底蕴并借鉴中国台湾经验，发展出带有地方特色的文创产业，体现中华文化的多姿多彩，还需要两岸开展更多的交流与合作，不断丰富两岸文创领域的对话与实践。

（九）央视《航拍中国》（第四季）大型系列航拍纪录片

《航拍中国》是由中国中央广播电视总台推出，央视记录国际传媒有限公司承制的大型系列航拍纪录片，在中央电视台综合频道（CCTV-1）和中央电视台纪录片频道（CCTV-9）共同播出，同时上线央视网、腾讯视频、优酷网等在线播放平台。该系列纪录片第一集从 2017 年 1 月 28 日首播，现已播出至第四季，共 34 集。

其中，《航拍中国》（第四季）选取了北京、辽宁、河南、青海、广西、湖北、西藏、重庆、中国澳门、中国台湾 11 个省级行政区的自然生态、人文景观、经济社会发展面貌，以空中视角俯瞰神州大地，展现了新时代的中国形象、中国精神、中国文化与中国之治。

在《航拍中国》（第四季）第 10 集中，节目选取了位于中国版图雄鸡咽喉处的辽宁省进行航拍。在这一期节目中也展现了辽宁省境内的辽东镇长城的雄伟风貌，并带领观众一同回顾了辽宁省葫芦岛市兴城古镇在古代边防系统中的重要作用与如今现代化的景象。

《航拍中国》中辽宁长城相关内容

扫码观看《航拍中国》
（第四季）10

【视野拓展】中国台湾文创 9——文创去严肃化"朕知道了胶带"

2013 年 7 月，台北故宫博物院曾经推出了一款由康熙真迹为创意源头的"朕知道了"纸胶带文创，三天内首批定制的 1500 个全部卖光，因为这款创意文创的火爆也带动了其他文创产品的销售，同年台北故宫博物院的文创产品取得了近 9 亿新台币的销售记录。

为什么这款纸胶带会成为当年台北故宫博物院文创产品中的"爆款"？其中的奥妙正是作为博物馆文创所自带的严肃感悄然退场，即传统精英文化遭到大众文化解构的结果。在"朕知道了"纸胶带文创中，"朕"即购买者"我"，而"我"正在使用中国传统统治权威使用过的物品，其中的戏谑感只有购买者通过购买这款胶带并使用它才能获得。此后，台北故宫博物院便在这种创意巧思下继续尝试摸索文创产品的创意设计巧思，又成功设计出了晴雨两用"翠玉白菜"伞、"肉形石"防尘塞、"冰山一角"潮袜、"小乾隆"杯盖等创意文创产品。

台北故宫博物院"朕知道了"纸胶带文创产品

"翠玉白菜"伞

"肉形石"防尘塞

三、辽宁长城电视综艺节目

随着近两年国内综艺节目的不断发展，关于辽宁长城的综艺节目也逐渐开始出现。虽然目前此类节目在数量上还不算多，但是对辽宁长城文化的继承与发展具有一定的促进示范作用。对现有辽宁长城综艺类文创的内容设置、审美价值、创意模式进行探索分析，实现辽宁长城综艺文创与创意经济的结合，从而使辽宁长城的文化价值与商业价值相互赋能。

（一）长城综艺节目《长城长》

《长城长》是内蒙古卫视 2022 年特别策划推出的中国首档以长城为主题的大型文化综艺节目。2022 年 2 月 5 日 19 点 35 分在内蒙古卫视首播，同时上线哔哩哔哩视频平台，截至 2023 年 4 月《长城长》在 B 站的播放量为 7.4 万。该节目共 7 期，每期时长约 60 分钟。其中，在第 3 期的第 48 分钟左右，节目借相关长城问答的环节展开，向观众介绍了位于辽宁省绥中县的九门口长城的相关情况与知识。

《长城长》03中辽宁九门口长城相关内容

扫码观看
《长城长》03

《长城长》长城综艺节目以"长城"这一中华文化符号和中华优秀传统文化为背景，在由 56 位"好汉"（答题选手）组成的答题团中展开关于长城的知识竞答，在这些参与答题竞赛的选手中，年龄最小的只有 7 岁，最年长的 71 岁。他们中有的是知识型博主、有的是 B 站的大 UP 主，还有的是参加过《最强大脑》《奇妙的汉字》《开讲啦》等知名文化节目的优秀选手，《中国国宝大会》的选手李江也身着自制甲胄前来赴会，还有"最美文物保护人"——李世祥现场展示一米手绘长城地图。他们带着跟长城的缘分和对长城的热爱，边闯关边讲故事，为观众带来一场张弛有度、有笑有泪的长城"文化大餐"，通过综艺节目的形式希望唤起更多的人来弘扬长城精神、传承爱国情怀，以长城述中国，让世界更好地读懂中国、读懂中华民族。

《长城长》综艺节目每期的开场舞蹈大秀精彩纷呈，再现了昭君出塞、草原丝路、抗战烽火那些跟长城有关的历史名场面，配合文化专家现场演说氛围感拉满、代入感强烈，穿越古今似乎就在那么一瞬间。在每期节目的问答环节中，还穿插了由学者郦波、蒙曼、王纪言与长城建筑专家张玉坤等担任"文化解读官"所作的长城知识深度解析，现场观点火花碰撞，选手与嘉宾表达刚柔并济，中华民族的文化自信油然而生。

在该节目筹备期间的 9 个月里，摄制组分赴全国长城沿线的 15 省区市，探访长城资源调查人，同时还与国内多位权威长城专家召开联席会议，就长城知识呈现的准确性、权威性，画面表达的趣味性，网络传播的话题性等，进行全方位的设计和梳理，力求为全国的电视观众奉献一档有内涵、能互动、高颜值的文化大餐。

【视野拓展】以综艺之形展现文创之核——综艺类文创《创意中国》

由中共北京市委宣传部、北京市国有文化资产监督管理办公室、北京市文化投资发展集团指导，北京市文化创意产业促进中心、北京电视台、大业传媒集团出品的《创意中国》是一档 2017 年制作播出的文创创投类综艺节目，现已播出两季。

2017 年 11 月 19 日，节目在北京卫视首播，同时上线爱奇艺、腾讯、优酷等在线播放平台。节目依托"北京市文创大赛",打造了一个文创创作者与投资方直接交流的平台,并为观众们提供了一场欣赏中华优秀传统文化与文创产品的视觉盛宴。

节目第一季共有 40 个文创项目参赛,最终角逐 10 个晋级年度决赛的机会,包括数字故宫、智造机甲、时尚京剧等项目成功晋级,其中数字故宫项目还赢得了"创意引领奖"。节目第二季观众还能看到数字技术与中华优秀传统文化的深度结合——"清明上河图 3.0"、原创国漫作品《洛宝贝》等优秀文创项目。且节目第二季与市场直接对接,节目组邀请了百人天使投资团为创作者们提供切实可行的商业方案,为文创产品的成功面世保驾护航。

作为一档电视文创类综艺,《创意中国》的创作思路却不局限于传统综艺节目的定位,而是站在国家经济发展的需求、文创产业转型的立意与站位,为创作者和投资方搭建交流平台,进一步激发我国文化创意创新创业的活力,促进我国文创产业迈上新台阶。

扫码观看
《创意中国》

(二)综艺节目《万里走单骑——遗产里的中国》(第三季)

《万里走单骑——遗产里的中国》(第三季)是 2022 年由酒鬼酒冠名,浙江卫视联合国际文化、腾讯视频共同出品的一档有关中国世界遗产的历史文化综艺节目。

该综艺节目的前两季好评如潮,第三季于 2022 年 12 月 16 日由腾讯视频平台

中国世界遗产历史文化综艺节目《万里走单　《万里走单骑——遗产里的中国》(第三季)02辽宁长
骑——遗产里的中国》(第三季)中国长城相　城相关内容
关内容

独播，第三季将"用温度讲好世界遗产故事"作为节目内核，由中国文物学会会长单霁翔带领周韵、牛骏峰、唐九洲组成新的"万里少年团"再次踏上文化之旅，探寻世界遗产的"前世今生"，品鉴世界遗产的"馥郁芬芳"。本季节目也得到了联合国教科文组织驻华代表处、国家文物局、文化和旅游部资源开发司、清华大学文化创意发展研究院的倾力支持。

《万里走单骑——遗产里的中国》（第三季）的第二集，由中国文物学会会长单霁翔带领的"万里少年团"成员周韵、唐九洲和飞行嘉宾王濛，走进北京怀柔长城，体验长城修缮保护工作，聆听长城保护者的故事，体悟长城与时俱进的精神内涵。

扫码观看《万里走单骑——遗产里的中国》（第三季）

在该集节目的最后，镜头对准了国家 83 处重点长城段。从甘肃嘉峪关到北京箭扣长城，从辽宁虎山长城到河北金山岭，从山西平型关到内蒙古金代界壕……古老的长城被保存、修缮，焕发新的光彩，成为中华儿女的精神脊梁，筑起我们"新的长城"。

【视野拓展】综艺赋能文创——综艺类文创《上新了·故宫》

由故宫博物院和北京广播电视台、华传文化联合出品，春田影视制作的故宫文创类综艺《上新了·故宫》于 2018 年 11 月 9 日开播第一季，现播出至第三季。该节目以故宫以及故宫文物为背景，采用"故宫探秘 + 文创开发 + 文创销售"的节目模式，节目特点在于将故宫的文化价值、审美价值、商业价值充分结合，利用影视符号和综艺的形式呈现故宫的精神内核，培养观众的文创审美。

节目通过与电商平台合作，对综艺节目中设计产品进行在线销售，开启了文创营销与综艺节目相结合的全新营销模式，其销售的美妆产品、耳机、潮流服饰、盲盒、文具等契合当下年轻消费者的消费习惯，真正做到了将"故宫文化带回家"的创作理念。

《上新了·故宫》第三季还邀请了北京 20 所高校的学子参与节目文创设计环节，这些设计者均来自清华大学美术学院、中央美术学院等知名学府。高校青年学子的

《上新了·故宫》节目中的故宫创意文创　　　　　　　《上新了·故宫》文创销售成绩

加入不仅为这档文创综艺节目注入新生代设计力量，也将故宫文化渗透到更多年轻人之中，吸引更多年轻力量走进故宫、关注故宫、保护故宫，鼓励更多有志投身于传统文化行业的青年加入其中。

扫码观看
《上新了·故宫》第三季

四、辽宁长城二人转及演出

　　辽宁长城二人转及表演是辽宁长城虚拟类文创中最具地方特色和异质性的一种，在同质化的文创产品中具有突围之势。长城优秀传统文化与民俗艺术的结合策略让观众更直接、贴近地感受到历史文化并非脱离生活高高在上，大众文化也能对长城优秀传统文化及其内核进行精彩的演绎。

（一）辽宁铁岭二人转《孟姜女哭长城》

2007年，辽宁省铁岭市民间艺术团团长乔杰导演的120集室内情景喜剧《笑笑茶楼2》由演员潘长江、闫学晶、李静等领衔主演。该剧展现了一群二人转演员的喜剧生活，故事诙谐幽默，充满了二人转名段，被称为二人转精品大荟萃。其中演员闫学晶就在该剧集中表演了经典二人转选段《孟姜女哭长城》，为观众们展现了长城与东北民俗文化的魅力。

辽宁铁岭地区有着丰富深厚的二人转表演艺术资源和民间演艺团体、二人转表演艺术家。可以说二人转生于辽宁地区并流传兴盛于东北三省及河北、内蒙古部分地区。铁岭二人转是结合了地理、文学、舞蹈、美术、音乐各方面的百科全书，在当地人民的生活中占有极重要的地位，铁岭二人转也在2006年成为首批国家非物质文化遗产名录的收录项目。

随着移动通信技术的发展，铁岭二人转民间艺术家也纷纷尝试在社交媒体平台分享自己的表演，如铁岭二人转演员王小雨、徐小红就通过快手短视频平台分享二人的《孟姜女哭长城》等二人转表演，二人的舞台表演热闹活泼、真情流露，收获快手用户的一致好评。

铁岭二人转通过演员极具戏剧张力的表演形式与情感互动，让辽宁长城文创"转"出地方文化特色，寻求文创形式的创新突围。辽宁长城既要保留辽宁特色元素，又要创作出更多贴近大众生活的作品，才能让其赢得更多的关注度与话题度，并走向更远的舞台。

【视野拓展】以舞诗入国画——从《千里江山图》到《只此青绿》的成功

2022年舞蹈诗剧《只此青绿》（选段）登上了央视虎年春晚的舞台，一经播出赞叹无数。这部舞蹈诗剧改编自国宝级画作——宋代画家王希孟的绿水青山作品《千里江山图》。

《只此青绿》[1]由故宫博物院、中国东方演艺集团有限公司、人民网股份有限公司共同打造，同时也是"庆祝中国共产党成立100周年舞台艺术精品工程"的重点扶持作品。央视春晚的演出并非《只此青绿》的首演，但春晚的影响力让其一夜成名，成为我国传播中华优秀传统文化的优秀案例之一。

舞蹈诗剧《只此青绿》演出海报

虎年春晚之后，《只此青绿》也开始了全国范围内的巡演活动，甚至出现所演之处一票难求的现象，在全国掀起了一阵"青绿浪潮"。代表中华优秀传统文化的歌舞诗表演《只此青绿》的成功之处在其根植于中国传统文化，且其内容编排上大

舞蹈诗剧《只此青绿》演出海报

1. 腾讯网. "美到失眠"是种怎样的体验？看看《只此青绿》就知道了.（2021-09-25）. [2023-04-12]. https://new.qq.com/rain/a/20210927A0AO2Y00?no-redirect=1.

胆创新，宣传与传播方式新颖，又善于利用新媒体海报、小程序、网站、公众号进行传播，在文化品牌建设中更注重联合博物馆资源打造 IP 矩阵，这种"以舞入画"的艺术再造形式是其带给文创界的一股清新创意。

（二）九门口长城《长城谣》古筝表演

2010 年，中共辽宁省委宣传部主办、辽宁广播电视台录制的大型专题片《中国辽宁》开机录制。中国东方乐团的艺术成就使国家文化部和辽宁省文化厅联合授予葫芦岛市"中国筝岛"和"中国古筝艺术之乡"的称号。国家一级作曲家、筝乐大师、新筝艺术之父、王派筝法创始人王天一出任该专题片的音乐创作，国家一级演员、国家百千万人才工程学科带头人专家姜淼、王冬婉、赵勃楠担任主要演奏任务。王冬婉、陈古音、马娜在辽宁省葫芦岛市绥中县的九门口长城上领奏了古筝新筝合奏曲《长城谣》[1]。

《长城谣》是由潘孑农、刘雪庵在 1937 年七七事变后为电影《关山万里》所作的配乐插曲，也是著名的抗日歌曲。九门口长城《长城谣》古筝表演是对众志成城长城抗战精神的发扬与继承，长城作为举世瞩目的伟大工程它的核心价值早已转化成为中华民族的精神力量，融入漫漫历史长河之中，并激励着一代又一代的中国人民万众一心铸起"新的长城"。

九门口长城古筝新筝合奏曲表演《长城谣》

---

1. 中国东方乐团网. 中国东方乐团在九门口长城上奏响《长城谣》.（2010–10–26）.［2023–4–12］. http://www.zgdfyt.com/ytdt/2013–12–04/433.html.

【视野拓展】辽宁"万里长城东起点"文化 IP

2023年2月2日，辽宁省政府新闻办召开的新闻发布会介绍了2023"畅游辽宁"有关工作，在未来的一年中辽宁省将着力打造"万里长城东起点"文化 IP，整合辽宁境内长城沿线文化遗产资源、生态自然资源，建设"万里长城"（辽宁段）国家风景道。

辽宁省拥有"红海滩""红山"等特色文化景点地标。盘锦红海滩、本溪枫叶拥有着自然资源生态魅力与人文张力，统筹利用好这些生态自然资源，通过文旅融合、主题展示等功能建设，展示辽宁段长城的精神内涵和文化价值，是辽宁省完善全省旅游产品体系，打造"万里长城东起点"文化 IP 的宝贵资源。

辽宁省优秀旅游景区——盘锦红海滩

同时辽宁省还不断促进文旅产业与社会组织的资源整合，2023年春季开始举办辽宁省第十二届艺术节、"大地情深"优秀群众艺术作品巡演、非遗进校园进社区、文化和旅游节庆主题宣传日、旅游推介等5个系列106场次文化和展会活动。

辽宁省牛河梁红山文化遗址

五、网红打卡辽宁长城

"打卡"一词原指在工作场合对员工的考勤行为，在当前的互联网语境下正发展成为一种在社交媒体平台发布带有时间、地理位置等信息的用户主动分享行为。而"网红打卡"多是指对互联网上具有知名度和关注度的地理场所的分享行为。人们通过手机的定位、拍照功能进行"网红打卡"，已成为移动互联时代一种全新的社交活动和自我表达，而辽宁长城的网红打卡在不同平台也呈现出不同的特点。

（一）抖音短视频平台

抖音短视频平台一直以"记录美好生活"为口号，鼓励用户随时拿起手中的手机记录当下，这一行为也逐渐向人们日常的旅途出行活动拓展，以辽宁长城为主题的"网红打卡"也逐渐常见并流行起来。

目前，辽宁长城抖音网红打卡多以短视频的形式出现，抖音短视频平台鼓励用户分享当下"即时的满足"，这与抖音作为短视频平台的属性密不可分。根据CNNIC（中国互联网信息中心）发布的第 45 次《中国互联网发展状况统计报告》显示，截至 2020 年 6 月，中国网络短视频的用户规模达 8.18 亿。短视频正在代替图文内容分享成为国民社交新方式。

用户在通过抖音平台完成辽宁长城的打卡之后，还可以通过评论、点赞、转发、分享的行为将辽宁长城的场景不断延伸。在抖音话题讨论中"辽宁网红新地标""辽宁最值得去的长城""辽宁必去景点"等话题标签逐渐与辽宁各段长城绑定在一起，网红打卡与现实中的出行活动、场景相重叠，用户在情感共鸣中逐渐形成新的抖音网红打卡内容，在此基础上再形成新的辽宁长城文创消费闭环，新的辽宁网红打卡点也会不断涌现。

抖音平台辽宁长城相关搜索内容

【视野拓展】互联网导游——抖音网红导游"冰蛋"

抖音平台自媒体账号"冰蛋",原名张斌,是目前陕西省西安兵马俑导游中在抖音平台上最火的"网红"导游。他诙谐幽默的讲解使他在抖音平台上收获了7600万的粉丝量,而他只专注讲解西安兵马俑的一切。在抖音平台的走红也让冰蛋被邀请参加了中央电视台《黄金100秒》等综艺节目,这进一步提升了他在全国范围内的知名度,利用自身的知名度冰蛋也开启了自己在抖音平台开设旅游商品网店的事业,以此拓展自己的收益来源。

网红导游冰蛋的火爆除了自身扎实的导游知识和技能外,其实还有善于利用当前丰富的新媒体平台资源,将自身优势与互联网思维结合的共同作用。同时,互联网渠道的新鲜感也补充了线下导游活动千篇一律的"下车说景点上车做推销"的枯燥流程。同时，网红导游通过在互联网上吸引粉丝与人气，再与线下游客做转化，可以培养出更多忠实的旅游服务消费者，这种服务模式也为导游人才的培养提供了新思路。

网红导游的火爆也为辽宁长城文创的发展起到了一定的示范作用。移动互联网时代，全民直播已成为常态，越来越多的传统旅游服务职业如导游、博物馆解说员等，正在打破原有的工作空间与时间的界限进行职业升级。如何将互联网资源与当地人才资源与人才培养相结合，是当前辽宁长城文旅服务行业转型与打造专属品牌的关键之一。

抖音平台自媒体账号"冰蛋"

抖音平台自媒体账号"冰蛋"讲解兵马俑相关内容

（二）小红书平台

小红书平台通过打造良好的线上线下交流环境，鼓励用户上传分享自己的生活与消费活动，以图片、文字、视频为主要形式的笔记内容引发网络社区互动，推动用户从线上走向线下"打卡"再"上传"线上的路线，形成一个从消费到分享的活动闭环。目前，小红书已成为国内最大的互联网内容生产平台之一，拥有用户数量3亿，活跃用户量2亿。

辽宁长城小红书网红打卡多以图文笔记的形式呈现，因小红书平台近两年开始发力短视频领域的内容创作，所以也有部分辽宁长城相关的视频笔记内容。与抖音平台的网红打卡稍有不同的是，小红书平台上的辽宁长城网红打卡更偏向于对个人出行活动中细节信息的分享，大到门票、路线，小到心情、拍摄技巧等相关内容的共享。

小红书平台辽宁长城相关笔记搜索内容

小红书平台上的辽宁长城网红打卡在滤镜、拍摄角度、文字、标签的共同作用下，形成了独有的"滤镜式景点打卡"，创造出了前所未有的消费景观。因为平台鼓励用户到线下来拍照打卡，再创作属于自己的辽宁长城游记，通过平台自带的滤镜功能配合背景音乐的使用，用手机拍摄的普通照片在这里也能变成摄影大作，上传的作品能吸引社区用户点赞评论，满足了笔记发布者的分享欲。

小红书平台通过塑造一个被美化、被滤镜化的世界，以先入为主的图片印象加深用户对辽宁长城的熟悉感，但同时也会带来一定的认同隐忧，可能出现与现实图不对版的尴尬情况。对于辽宁长城来说，如何打破滤镜神话、为游客带来图即是景的现实景观呈现，使用户主动生产出更多出行、游历笔记，从而做到以经典推荐的形式吸引更多用户的关注与打卡。

【视野拓展】上海"打卡胜地"——武康大厦的走红

始建于 1924 年的武康大楼，原名东美特公寓、诺曼底公寓，是上海最早的外廊式公寓建筑之一。矗立百年的它见证了上海这座城市的变迁，吸引众多游客到此打卡，并成为小红书平台上海旅游打卡分享的"头号网红"。在小红书平台搜索"＃上海武康路""＃武康路"等话题标签，其浏览量均在 5000 万至 6000 万。

小红书平台上海武康大楼与武康路打卡相关笔记内容

在人人拥有一部手机，拍摄、修图、编辑、剪辑一键模板的科技时代，图像媒介成为展示人与人社会关系的中介，人们透过观看图像、参与评论、购买同款商品、打卡同一地点，逐渐形成了对某一地理位置的媒介印象。就如同小红书平台的上海武康路、武康大厦笔记，他们甚至拥有同款拍摄角度与拍摄道具。

上海武康大楼成为网红打卡地，也催生了人们更多的消费欲望。商家与资本捕捉到这些媒介景观中的商业价值，不断推出、打造一个又一个网红商品、经典，鼓励人们前往消费打卡，在此过程中获得更多利益，消费行为甚至超过景观本身，而购买行为也远超过观看行为。

当前，全国各旅游景点都在打造属于自己的"武康大楼"，它们正在成为一个又一个大型摄影棚，吸引着一批又一批的观光者络绎不绝。如果这些景观没有地方文化与历史的价值底蕴支撑，那么拍完即走的游览模式只会让一个又一个网红打卡地标成为昙花一现的虚假繁荣。

六、辽宁长城画展及其他

文化创意产业飞速发展的今天，博物馆、各种展览已经成为文创产业发展的重要阵地。而这些博物馆与展览的职能也正由对"物"的陈列展览转向对"人"的服务。如何将博物馆、展览与辽宁长城文化特有的内涵相结合，吸引更多大众的注意力，打造更多公共艺术空间，增强与民众的互动，让更多民众主动走进博物馆与长城文化进行深入的了解与体验，是未来辽宁省博物馆、展览文创的发展方向。

（一）"大美长城——长城（辽宁段）风光"摄影图片展

"大美长城——长城（辽宁段）风光"摄影图片展览，是由辽宁省博物馆、葫芦岛市博物馆主办，葫芦岛市摄影家协会协办，辽宁省长城国家文化公园建设工作领导小组办公室指导举办的摄影展。该展览于 2022 年 12 月 20 日至 2023 年 3 月 20

日在辽宁省博物馆展出。

　　本次展览共展出来自辽宁省各地优秀摄影师拍摄的 50 组精美作品。作为世界范围内最有价值、最具观赏性的人文景观之一，长城在摄影家镜头下独具风采，当我们面对一幅幅精美的摄影作品时，就如同登临长城，目睹崇山峻岭之间辽宁长城的雄姿，领略锦绣江山的壮美风光。

"大美长城——长城（辽宁段）风光"摄影图片展览海报与策展情况

　　从鸭绿江畔、渤海岸边，到辽西山区，辽宁省是拥有丰富长城资源的大省，全省现存各时代长 1200 余千米。辽宁省博物馆通过举办长城摄影展览的方式，尝试探索长城文创产品的边界，充分发挥了长城资源的文化价值与商业价值。这些精美的摄影作品，也展现出绵延不绝的长城犹如气势磅礴的巨龙，翻越崇山峻岭，跨越江河绝壁，穿越时空，横亘于辽宁大地上的壮阔景象。

【视野拓展】辽宁省博物馆的文创之路

　　辽宁省博物馆（以下简称"辽博"）是 1959 年由其前身东北博物馆改称而来。其前身东北博物馆成立于 1949 年，是新中国成立后由人民政权建立的第一座博物馆，不仅是辽沈地区乃至东北三省重要的文化传播阵地，也是展现辽宁历史文化和辽宁长城文化重要的平台和窗口。

　　文创产业作为国家重点扶持的文化新兴产业，以文化创意、先进科技、数字媒体为核心，也是国家建设文化强国的重要一环。辽博紧跟时代发展需要，整合各方资源，发挥自身特点，以积极的姿态迎接产业转型与升级，在经历了不断的探索与试错后，走出了一条属于自己的文创之路。

辽宁省博物馆

　　投身文创领域后，辽博不仅自主研发文创产品，还通过合作开发、IP 授权等方式推进文创研发工作，形成了品牌合作、跨界融合与资源聚拢的发展模式。在纸类文创、陶瓷类文创、生活类文创上均取得不错的成绩。先后开发了国宝系列、玉龙系列、书画系列等千余种具有辽博特色的文创产品。

辽宁省博物馆自主研发的文创产品　　辽宁省博物馆"文蕴天香"精油皂文创产品

　　2022 年 10 月，为配合"和合中国"的展览，辽博研发团队还推出了"文蕴天香"精油皂等"和合"系列文创产品。结合此次展览将中国传统文化符号融入文创产品的设计中，再配合博物馆自身的文化基调，设计出了艺术感与实用性兼具的文创产品，此类文创产品设计正是完成了博物馆由陈列物向服务人的功能转换。

（二）《文明的脊梁》长城文化发展论坛

《文明的脊梁》是 2021 年 12 月 23 日于辽宁省丹东市举办的首届长城文化发展论坛。本次论坛由国家文化公园建设工作领导小组办公室指导，辽宁省长城国家文化公园建设工作领导小组办公室、丹东市人民政府主办，中国旅游报社、丹东市长城国家文化公园建设工作领导小组办公室承办。

本次论坛旨在促进做好长城文化价值挖掘和文物遗产传承保护工作，大力弘扬长城精神，传播长城文化，让全社会进一步关注长城国家文化公园建设，推动长城文化与时代元素相结合，促进长城历史文化的活态传承，凝聚共同推动长城国家文化公园建设的磅礴力量。

本届论坛以"文明的脊梁"为主题，组织开展了一系列长城文化宣传推广活动，其中不乏一些优秀的长城文创作品，如论坛上首播《筑梦长城·辽宁篇》专题宣传片，影片重点展现虎山长城、九门口长城、兴城古城等长城重要点段，深入挖掘辽宁长城历史文化资源，突出辽宁长城文化和旅游资源的独特性、唯一性。同时，融入长城保护员叶德岐等人物故事作为主线，用影像产生情感共鸣，传递长城精神、长城文化。在"东西对话"环节中，论坛现场播放《东西对话》宣传片，跨时空展示东西端长城一脉相承的文化内涵和独特的长城文化魅力。

【视野拓展】中国台湾诚品书店

中国台湾诚品书店是 1989 年创始于台北市仁爱路上的一家以文化创意为核心的复合经营模式书店。诚品书店长期以来秉持着阅读是最基本的、最容易普及且价格最低的文创产业发展之道。经过长期的发展，诚品书店联合出版界、文艺界、学校、社会团体等资源举办各种主题的展览与文艺活动，打造出城市空间中的"场所精神"，塑造了独有的品牌美学。2015 年，诚品书店在苏州也开设了分店。

2009 年，中国台湾省将文化创意产业列为六大新兴产业之一。2010 年，诚品书店成立"诚品生活"子公司，年收益破百亿，通过餐饮业务延伸品牌价值。通过运用多边平台的经营模式，选择与品牌定位调性相似的合作供货商，减少行业竞争，例如在其台北墩南总店与信义旗舰店，一方面引进与企业文化契合的专柜品牌，一方面代理进口文创商品与艺术品。

诚品书店也十分注重扶持设计人才，如其将松烟分店定位为"跨界·实演"，聚焦中国台湾之光，以挖掘中国台湾设计新人为诉求，积极扶持中国台湾品牌，同时涉足经营电影、表演及民宿等新业态，将体验创意生活作为实验性尝试，试图打造文创界的"黄金屋"。

中国台湾省诚品书店内的文创产品

第五章

辽宁长城虚

实融合文创

互联网技术与虚拟现实技术发展至今日，为辽宁长城虚实融合文创的发展创造了一种制造人工虚拟物的可能，网络直播打破时空阻隔为人们建构起虚拟环境。辽宁长城虚实融合文创将长城的"线下"与人们的"线上"融合在一起，对观看者来说，在远程获取到长城审美体验的同时又可以参与线下互动，在这一虚一实间，人们的生活与长城的文化日渐联系起来。

一、辽宁长城现场直播互动

辽宁长城现场直播最大的魅力来自它的真实性和动态性，其中动态性叙事又支撑着直播活动的真实性特质。这样的直播活动展现了辽宁长城之美、历史之美、工程之美，促进了长城保护与长城文化传承向社会新闻领域的转化。公众对长城的兴趣在直播活动中被激发，辽宁长城作为一种公共空间的潜在新闻价值也被挖掘。直播互动还体现了媒体对长城开发与保护过程中的社会责任感，这也激发了世界对中国长城修护与保护事业的认同感。

（一）央视《直播长城》大型融媒体特别节目

《直播长城》是由中国中央广播电视总台央视新闻频道（CCTV－新闻），在2021年国庆节期间推出的6集大型融媒体特别节目。该直播特别节目以万里长城为主线，从历史文化传承、民族团结融合、对外开放包容、文明交流互鉴以及新时代社会经济文化发展成就等多视角、多维度全面呈现万里长城所承载的中华民族伟大精神价值。

该系列直播从2021年的10月2日起直播至10月7日结束，其中10月6日的直播是该系列节目的第5集《绿水青山看长城》。节目中出现了辽宁省境内的丹东虎山长城与绥中县九门口长城的现场直播画面。

央视《直播长城》大型融媒体节目辽宁长城播出情况

地区	播出时间	集数	节目主题	涉及长城
辽宁	2021年10月6日	第5集	绿水青山看长城	虎山长城 九门口长城

《直播长城》中辽宁长城相关内容

　　在第五次直播中除了辽宁省境内的长城，直播活动还选取了河北山海关、黑龙江齐齐哈尔金界壕长城等省市的各段长城，通过展现在长城与长城保护过程中，各地以坚持构筑长城绿水生态屏障的方式，持续传承长城的历史文化价值，弘扬长城所代表的民族精神，阐释中华民族与自然和谐共生的价值理念。

扫码观看
《直播长城》

【视野拓展】央视在直播报道中对 4K+5G 技术的运用

4K（4096×2160 分辨率）是指 4096×2160 或 3840×2160（桌面 4K 显示器）的超高清分辨率，标准化的 4K 成像能够达到高清分辨率的 4 倍。鲜艳的色彩呈现与沉浸环绕的音效相配合，能带给观众更真实的观影享受。我国在 2016 年发布的《"十三五"广播影视科技发展规划》中就已明确地指出，要"适时开播 4K 超高清电视实验频道"。于是，央视也开始尝试在各大晚会、重大会议、赛事直播等大型活动直播中进行 4K 节目制作。而 5G 则是指第五代通信技术，2018 年 12 月工业和信息化部向中国移动、中国电信、中国联通发放了 5G 系统低频顿实验频率许可，标志着我国开始迈入 5G 时代。

任何新兴技术的运用与普及都需要一个适应的过程，2018 年 10 月的网球公开赛期间央视首次完成城域内的 4K 信号光缆传输并直播；同年 11 月的上海中国进口博览会期间央视尝试了 4K 信号前方采集、制作并跨省域通过光缆传输回北京；2019 年的春节联欢晚会深圳分会场，央视通过 5G 网络进行了 4K 信号回传，为直播中 4K+5G 的使用带来了可能性；2019 年全国两会期间央视又通过各方协调，稳步推进 4K+5G 技术在两会直播中的运用。目前，这一技术被用于更多的直播场合中，也发展到了 8K+5G 的新阶段。

央视面对新技术的应用既体现出一定的担当与创新，也体现出其具备一定的风险意识，在不断地尝试与确认中稳妥地推进技术的普及与换代。也正是得益于技术的进步，电视节的形态也从固定单边、侧全镜头逐步向移动采访、巡游展示等更灵活、更便捷的内容形式拓展。

（二）央视"云游辽宁九门口长城"直播活动

"云游辽宁九门口长城"直播活动是由中国中央广播电视总台央视新闻频道（CCTV-新闻）于 2021 年 7 月 8 日进行的直播活动。

在央视记者的带领下，线上网友在云端走进了位于辽宁省葫芦岛市绥中县的万里长城，这是至今还遗存的、独一无二的水上长城——九门口长城。万里长城延绵千山万壑，一般都是遇山不断、遇水断，但在辽宁绥中境内的九江河上却筑起了城墙，建起了九道水门，形成了"城在水上走，水在城下流"的奇观。

本次直播活动为广大网友展示了九门口长城的奇观。九门口古时被称"一片石关"或"一片石"，此处自古以来就是交通和战争的要地，所谓"九门水城一片石，铁马冰河入梦来"。正是因这段长城关口建筑于九江河之上，形成了长城与流水相互交融、你中有我、我中有你相得益彰的气势，被世人广为称奇，它也是万里长城唯一的水上长城关隘。千百年来，九门口长城以其独特的雄伟壮丽屹立在山水之间，为人们所津津乐道与怀古幽思。

"云游辽宁九门口长城"直播活动海报

扫码观看"云游辽宁九门口长城"

【视野拓展】央视频移动直播

移动直播与传统的电视直播相比，具有更加灵活、迅速的传播特点，也更加适应当前网络化、移动化、智能化的数字化生存环境。央视作为国家主流媒体，较早通过央视频 APP 进行移动直播实验，融合并颠覆了传统电视直播，实现了跨界融合、技术创新，其背后也是央视对互联网规律的顺应与应用。

移动直播拥有更广阔的网络空间与独立的直播窗口，突破了传统电视直播的时空限制，且直播时长十分自

央视频APP移动直播资源支持情况

由。央视频的移动直播一般在前期策划过程中就通过直播海报、短视频进行直播二维码推送，使观众能更便捷地进入直播间，同时这些二维码很容易进行转发分享，有时甚至会引发"病毒式传播"效应，收获非常惊人的浏览量。在移动直播中，央视频还善于使用微博等社交媒体制造话题讨论，吸引更多央视频 App 以外的流量进入直播间。在直播结束后，央视频还会对直播内容进行二次创作，一般是对直播内容进行剪辑、整合处理，用以满足不同受众的信息需求。

央视频的移动直播在突发事件中拥有先天的优势，记者通过相对简单的设备包即可随时随地进行现场直播，第一时间向观众呈现事件现场。因此，目前移动直播也多被运用在自然灾害等突发事件报道中。

（三）央视新闻客户端"云游中国·辽宁篇"——"九门口长城"云游直播

2021 年 10 月 17 日下午，央视新闻客户端主办的"云游中国·辽宁篇"直播活动正式开播。其中，在绥中风景篇里，央视记者带领线上网友一起走进了辽宁绥中县的九门口长城景区，与大家一同感受"城在水上走，水在城中流"的独特魅力。

在此次直播过程中，九门口长城管理处的负责人与央视记者一起向广大网友讲解了九门口长城"遇山而断，遇水不绝"的奇观。二人通过一问一答的形式解说了

"云游中国·辽宁篇"直播活动辽宁长城相关内容

水上长城的整体概况，并向在线网友介绍了九门口长城历经 600 余年沧桑巨变的历史故事。在轻松愉悦的直播氛围下，广大网友不仅观赏到九门口长城别具一格的美景，也见证了中华历史的烽火硝烟。

截至 2021 年 10 月 18 日 15 时，"云游中国·辽宁篇"在央视新闻客户端、央视官方微博等各直播平台累计观看量已达 761.6 万人次，在当日绥中篇直播过程中快手、抖音平台的总观看量达到了 180 余万人次。

【视野拓展】移动直播融媒作品——《乘着大巴看中国》

《乘着大巴看中国》是中国中央广播电视总台新媒体平台"央视频"为庆祝中国共产党建党 100 周年制作的主题融媒体产品。节目于 2021 年 4 月 29 日正式上线，采用了"移动式采访＋线上线下融合式互动"的直播方式，先后在上海、广州、泸定多地进行移动直播。

通过将央视频大巴车作为移动演播室，将所到之城作为移动直播的演播室背景，《乘着大巴看中国》带领观众逐一探访中国共产党百年间的关键地标城市。在 4 月 29 日直播当日，除了直播大巴行驶的上海主会场，该节目还在柳州、于都等地设置了分会场进行同时直播。其实，多场景直播技术早在 1996 年的春晚中已被使用，发展到今日这类技术已十分成熟。在上海，直播大巴车在陈独秀故居、中共一大会址、中共二大会址之间移动，节目通过主持人与观众进行猜歌名和主题问答的

《乘着大巴看中国》直播活动进行中

扫码观看
《乘着大巴看中国》

互动环节拉近了央视频与使用者之间的距离，寓教于乐的同时，贯通了线上线下空间，把党史知识教育贯穿于移动直播之中。

对大巴车这一元素的创新运用是央视频《乘着大巴看中国》移动直播成功的关键。大巴车的动态行驶，给观众一种搭乘便车一同旅行的感觉，同时"赶紧上车"和"乘车"的口播也不断被主持人重复，更让观众跃跃欲试，不知道下一站还将有什么历史地标出现？下一个目的地又将前往何处？为收看直播的在线观众埋下强烈的悬念。

（四）《辽宁日报》"看辽宁'最美野长城'"直播

2020年7月12日上午9时30分，由《辽宁日报》旗下"北国"新闻客户端策划的"看辽宁'最美野长城'"直播活动带领观众一起相约辽宁长城的清晨与黄昏，邀请大家一起攀登位于辽冀边界、葫芦岛市绥中县境内的西沟长城。不仅带你探访辽宁长城的山河壮阔，也体验长城脚下小康人家的幸福生活。

西沟长城是明长城的主干线，也是我国保存最完好的一段明长城。此次直播活动开始于长城脚下的小村庄，日出东方西沟长城宛如金色巨龙横亘在辽宁大地上，由作为长城保护人的老乡带领主持人开始了探访西沟长城的旅程，听长城保护人讲述西沟长城的保护事迹与各种长城奇观。

"看辽宁'最美野长城'"直播活动辽宁长城相关内容

西沟村位于西沟长城脚下，勤劳淳朴的乡民见证这里的每一次日落与黄昏，他们热爱长城、保护长城，直播活动邀请西沟村村民叶德岐老人为观众讲解西沟明长城的历史和四季景观，还有那些他与村民借力西沟长城过上小康生活的幸福回忆。

扫码观看《辽宁日报》"看辽宁'最美野长城'"

【视野拓展】央视《考古公开课》三星堆直播

《考古公开课》是中国中央广播电视总台科教频道（CCTV-10）在2020年10月开播的一档大型考古文博类历史节目。同一时间，四川省三星堆考古勘探工作重新启动，所以在2021年3月20日至23日期间，央视决定对这次考古活动进行大规模的直播。参与本次直播的有两大平台：一是央视新闻频道；二是央视科教频道《考古公开课》。而作为常规性节目的《考古公开课》打破录播节目常态，联合央视

大型考古文博类历史节目《考古公开课》

扫码观看《考古公开课》三星堆直播

《考古公开课》三星堆直播

新闻频道、央视新闻客户端和央视新闻首次推出了"解谜三星堆"直播特别节目，实属央视的新奇尝试。

在节目直播过程中，节目使用了央视传统的"演播室＋现场实况直播"的形式，突出自身作为权威主流媒体的优势。从直播的设备来看，技术优势赋予这场直播全方位、多角度的现场展示，由中国中央广播电视总台自主开发的"天鹰座"有线索道摄像机也被用于此次直播活动中，带给观众从高空俯瞰考古发掘现场的体验。除此之外，节目采用分割画面的方式多镜头呈现开采文物的细节、局部及勘探进度，同时还利用了最新的 3D 扫描和虚拟技术复原三星堆"历史现场"，对考古文物进行 3D 重组，模拟蜀国人当时的生活场景，实现了直播"历史图像"的效果。

央视《考古公开课》三星堆直播以自身的权威性、高清晰度的呈现为基础，结合电视直播与网络直播的双重优势，兼具直播的时效性与专业性。同时，连续四天的现场直播，记录了文物的出土、提取、复原、检测流程的全过程，带给观众全程"在场"的收看体验，好像刚刚出土的文物就在眼前，这也不断激发观众对考古、文物的好奇欲，自然带来了良好的节目收视率与口碑。

二、辽宁长城新媒体现场体验式文旅

当前，体验经济正在成为一种新的经济形式并逐渐走进人们的生活。辽宁长城新媒体现场体验式文旅产品以"长城＋体验＋文旅"的形式打开了体验类文创的新模式，辽宁长城新媒体现场体验式文创产品不同于其他商业化产品的物质性与标准化，此种体验类文创产品更强调的是一种人性化、个性化的感官体验过程，它需要消费者走进商店主动参与互动体验。

云游长城线下快闪 VR 体验店

"云游长城"线下体验活动

"云游长城"线下VR体验

2022 年 9 月 9 日腾讯"99 公益日"期间，腾讯游戏延续"Play for Good"主题，联动旗下 20 款游戏及相关业务展开一系列公益活动。其中，数字文物保护品牌"云游长城"就与家电品牌顺电（sundan）独家合作，开展了为期两周的"云游长城"线下体验活动，以快闪店的形式助力长城文化遗产保护，呼吁公众共同爱护长城。

限时开设的"长城体验馆"开设在深圳、苏州等地的顺电味（sundanlife）旗舰店内，在这里体验者可以沉浸式地感受爬长城与修缮长城的过程，同时还能获得腾讯公益小红花，在"长城保护员加油包"活动中捐出小红花，助力全国各段长城的保护，在"云游长城"文保项目中辽宁省各段长城也均位列其中。[1]

用户在顺电味快闪店中，可以体验到顶级的显示屏设备、8K 超高清大屏幕呈

1. 扬子晚报. "云游长城"牵手顺电味打造沉浸式长城体验馆，以创新形式链接社会公益.（2022-09-05）. [2023-04-12]. https://t.cj.sina.com.cn/articles/view/1653603955/628ffe7302001dm0x.

现的 1:1 毫米级精度还原的"数字长城"。在体验的过程中，体验者还可以通过游戏手柄实时遥控操纵显示屏中的内容，学习体验考古、清理、砌筑、搬砖等加固长城的修缮流程，体验过程趣味十足。

【视野拓展】居庸关长城"数字城砖"——数字文创的未来

2022 年中国国际服务贸易会期间，昌平文旅集团发售了全球首款居庸关长城数字城砖文创产品，全球限量 1000 份。[1] 作为长城数字城砖"探索"系列文创产品，"买块砖吧，居庸关长城的"也被其作为广告文案，趣味性十足的产品文案也十分贴近人们的生活，此砖一经发售就受到长城爱好者与市场的热捧。

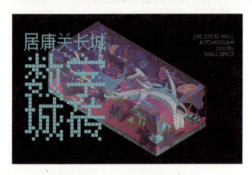

居庸关长城数字城砖文创产品海报[1]

2022年中国国际服务贸易会昌平文旅展台[2]

这次发布的"探索"系列数字城砖是为服务贸易会特别准备的藏品，其中每块"砖"都带有NFR实物权益，NFR全称Not For Resale，指不得再销售或转卖的意思。通过这种数字藏品的形式，让居庸关长城大放异彩的同时，也让世界各地的参观者通过数字平台领略到居庸关长城的数字艺术之美。

在本届服务贸易会的展区内，昌平文旅集团还展出了关于居庸关长城"音乐""国潮"主题的数字城砖藏品[2]，使参观者了解到数字收藏与中华优秀传统文化的有机结合的最新成果，全面展示了

1. 居庸关长城微信公众号. 居庸关长城探索系列数字城砖，今天正式发售，全球限量 1000 份，开抢！.（2022-09-01）.［2023-04-12］. https://mp.weixin.qq.com/s?__biz=MzAxOTk3ODE4Mw==&mid=2247493086&idx=1&sn=2a4141bfb7665a829df66d625e2fb93c&chksm=9c3c6776ab4bee60ffb533f68e3d81bc0606d4338353e1dd9ccf642b9e209a9a00a85b4bd765&scene=27.
2. 腾讯网. 2022 年服贸会开幕，昌平精彩亮相！.（2022-09-01）.［2023-04-12］. https://new.qq.com/rain/a/20220901A08SHU00?no-redirect=1.

未来居庸关长城独有的人文景观与丰富的数字旅游资源。

三、辽宁长城非现场VR体验文旅

辽宁长城非现场 VR（Virtual Reality）文旅体验文创，集合了先进的信息融合技术、计算机应用技术、虚拟仿真技术，以丰富的布景、真实的交互体验为用户带来沉浸的辽宁长城文化之旅。VR 技术作为各产业发展的前沿技术正在重构着人们的生活方式、思维方式和产业业态与环境，对国内的文博、文旅、影视、游戏等行业产生着深刻影响。目前，我国 VR 技术与文创产业的融合还在初级阶段，未来还会有什么样的长城 VR 文创出现，还需进一步深化 VR 技术的发展，才能加速长城与 VR 二者的深度融合。

（一）"云游长城"小程序

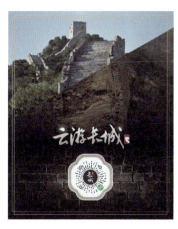

腾讯公益"云游长城"小程序扫描上方小程序码即可体验"云游长城"小程序

2022 年 6 月，由中国文物保护基金会和腾讯公益慈善基金会协同天津大学建筑学院、长城小站等众多长城保护研究专业机构及社会团体，共同打造的系列公益成果——"云游长城"小程序正式在全网上线。[1] 通过手机小程序"云游长城"就能立刻"穿越"到全国各地的万里长城之上，使用者甚至还能在河北喜峰口西潘家口段长城上体验徒步"登长城"与"修长城"。

1. 人民日报微信公众号. 我们把长城搬进了手机里，一起来体验.（2022–06–11）. [2023–04–12]. https://mp.weixin.qq.com/s/xE9Pt9__Lyik4x7He8ixlA.

"云游长城"小程序正是数字技术在保护长城领域的最新应用。作为一个综合性的小程序，"云游长城"除了引人瞩目的"数字长城"项目，即通过实地扫描和数字重建，在全球范围内通过云游戏技术，实现对喜峰口长城的毫米级精度还原。还可以通过用户在小程序中累计的"云游历程"解锁全国各段明长城进行游览，其中可供游览的辽宁省境内的明长城段落包括：明长城虎山段、龟山段、植股山段、小虹螺山段、锥子山段、九门口段。而"云游历程"则可以通过在小程序内学习、观看、游玩和长城有关的知识、视频、小游戏获得。

在"云游长城"小程序[1]中的"我的长城纪念卡"栏目里，使用者还可以利用"云游历程"进行"抽卡"活动，即用"云游历程"积分兑换抽取虚拟长城纪念卡片的活动，在这一过程中也有机会抽取到辽宁境内各段长城的数字纪念收藏卡片，并且每一个数字卡片都带有编号，是独一无二的专属卡片，"抽卡＋数字虚拟卡片"的形式也是长城数字文创的一种新鲜尝试。

自 2016 年起由中国文物保护基金会携手腾讯，以长城为重点，启动并实施了

"云游长城"小程序辽宁长城相关内容[1]

1. 微信小程序. 云游长城小程序. [2023-04-12]. # 小程序: // 云游长城 /XY3nDp3aJbd6l9J.

辽宁长城文创的实践与创新 ｜

一系列公益活动，如"保护长城，加我一个"修缮项目，共募集资金5000万元，用于保护修缮全国各段明长城，为长城保护做出很好的示范。除此之外，中国文物保护基金会与腾讯也拍摄了一系列长城纪录片、出版了长城相关的绘本，为长城保护活动添砖加瓦。

"云游长城"小程序辽宁长城出现情况

栏目名称	涉及长城	涉及地市	互动方式
探索·长城全线	明长城虎山段	丹东市宽甸满族自治县	图文体验
	明长城龟山段	锦州凌海市	
	明长城植股段	葫芦岛市连山区	
	明长城小虹螺山段	葫芦岛市南票区	
	明长城锥子山段	葫芦岛市绥中县永安堡乡	
	明长城九门口段	葫芦岛市绥中县李家堡乡	
探索·九边十一镇	辽东镇长城	今辽阳、锦州、铁岭、沈阳、抚顺、本溪、丹东、葫芦岛、盘锦、鞍山等辽宁省西部和东部的大部分地区。	图文体验
我的·长城纪念卡	辽宁全段长城	辽宁省各市县	线上抽卡
我的·云游足迹	明长城虎山段	辽宁省各市县	VR游戏
	明长城龟山段		
	明长城植股段		
	明长城小虹螺山段		
	明长城锥子山段		
	明长城九门口段		

【视野拓展】文创思维赋能数字文旅——完美世界无锡拈花湾游戏文创

2021年6月，完美世界文创与无锡拈花湾景区在内的多家合作伙伴共同参与了"文创赋能　共生共享——完美世界数字文创合作仪式"，宣布在未来将携手更多景区推出更多具有创造性的文创产品并为其打造更多的体验场景。同时在2021年6月3日，完美世界文创还在无锡拈花湾景区开启了一场穿越时空的奇幻旅程，并邀请媒体及合作伙伴共同赞誉了一次游戏化文创的沉浸式体验，这也是国内在文创游戏化文旅项目上的探索。[1]

完美世界无锡拈花湾景区游戏文创探索[1]

完美世界依托自己强大的游戏技术，大胆尝试文创游戏化的方法，打破常规景区的游览观光模式，以无锡拈花湾唐风宋韵的实景为依托，线下结合线上，让景区升级为一个同时存在于虚拟与现实的超大沉浸式空间。游客从进入景区开始，就以全新的身份处在一场轻松休闲、奇趣欢乐的现实游戏体验之中。通过线上 AR（增强现实技术）、LBS（基于地理位置的服务）、线下实景真人 NPC（非玩家角色）等多重互动形式，打破了虚拟空间与现实空间的壁垒，增加了游客的游戏乐趣。

新奇的游戏化沉浸体验赢得了新兴消费群体的喜爱，国内文旅产业也在数字化技术、VR 虚拟体验、沉浸空间打造的推动下取得了全新的进展。而完美世界集团也凭借多年以来在数字领域的技术积累，持续推进着数字文创新赋能的进程，打出"City Game"（数字融合沉浸式文化体验）的领先概念，并试图将地方文化、民俗

1. 人民资讯百家号. 文创赋能景区　游戏化沉浸式体验推动文旅行业新变革.（2021-06-07）. [2023-04-12].
https://baijiahao.baidu.com/s?id=1701917984850448009&wfr=spider&for=pc.

特色、非遗技艺、历史人文等内容融合进虚实共生的数字文创之中，以领跑国内整个文创产业的发展。

（二）"长城·万里共婵娟"H5

由腾讯与中国文物保护基金会共同推出的"长城·万里共婵娟"H5选取了十段长城景观，可以让用户在月圆之夜"穿越"至长城脚下，找寻中秋圆月，并拍下最满意的长城月圆美景，还可以配上诗词佳句，分享给最牵挂的人。在这十段长城之中自然包括了明长城的东段起点所在地——辽宁长城观景台。[1]

"长城·万里共婵

"长城·万里共婵娟"H5
扫描上方二维码即可体验"长城·万里共婵娟"H5

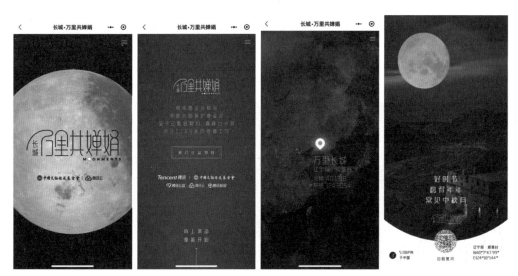

"长城·万里共婵娟"H5辽宁长城相关内容[1]

---

1. 半月谈微信公众号. 中秋满月，"万里共婵娟". （2019-09-13）. [2023-04-12]. https://mp.weixin.qq.com/s/gLBOEw3qLWttdXGTUwLSuQ.

娟"H5 的加载界面显示的是夜空背景中的进度数字，加载完毕后就会显示"开启体验"和位置授权，当游玩者进入 H5 作品后，界面呈现的是暗蓝色天空和山川轮廓。根据提示左右移动手机在景色中探索，将屏幕中间的圆圈对准月亮，月球拉近，在其表面显示主题，地球出现，字幕显示用户所在的城市经纬度和长城经纬度，跟着镜头穿过云海到达系统选取的观景体验最佳长城观景台，点击屏幕拍照后选择一句诗句，生成海报，点击触点进入保护长城宣传界面，用户可点击了解此公益项目或重玩。[1]

"但愿人长久，千里共婵娟"，但在长城之上确实应是"万里共婵娟"，用万里长城寄托中秋团圆之思，便是这一 H5 文创的创意所在。将中国传统佳节与万里长城的保护相结合，同时还可以参与保护长城的公益项目，实在是一举两得的好创意。

【视野拓展】游戏出海——文创与游戏的"联姻"

2021 年，中国自主研发游戏的海外实际销售额达 180.13 亿美元。目前中国游戏在世界上的影响力到底有多大？根据世界移动应用数据公司 Sensor Tower（传感塔）的数据显示，中国手游《原神》在海外平台 App Store（苹果应用商店）与 Google Pay（谷歌支付）上的收益达 18 亿美元。[2] 2021 年，中国原创游戏《黑神话·悟空》的一段实机演示视频上线 B 站，一天内播放量突破千万。该视频在被上传至外国视频网站 Youtube 后，两天内收获了近 380 万次的播放量，

中国原创游戏《黑神话·悟空》海报

1. 微信小程序. 长城·万里共婵娟. [2023-04-12]. https://greatwall.stinkstudiosworks.cn/#/.
2. 中国音数协游戏工委、中国游戏产业研究院. 2021 年中国游戏产业报告 [R]. 2021 年中国游戏产业报告项目组，2021.12.

还得到了外国知名游戏媒体 IGN 和 GameSpot 的转发。

腾讯游戏《王者荣耀》长城守卫军游戏设定

腾讯游戏《王者荣耀》长城保护计划

国产游戏《和平精英》"长城光影秀"

腾讯游戏《王者荣耀》里也包含着长城元素，如游戏中人气颇高的"长城守卫军"[1]在游戏设定上是"王者大陆"中万里长城的守备军团，长年驻扎在长城之上，抵御外来入侵。《王者荣耀》这款游戏不仅在背景设定上结合了我国的名胜古迹进行创作，同时还启动了"长城保护计划"[2]，为现实中的长城认捐 1000 米的修复费用，在游戏内外都向玩家传递着不屈不挠的"长城精神"。

除此之外，还有国产游戏《和平精英》在 2021 年春节前夕发布了"四圣觉醒"新年特别版，它们以中国传统文化典故中的"四圣"：青龙、玄武、朱雀、白虎为主角，与清华大学文

1. 溪谷软件 B 站号. Sensor Tower：2021 年有 8 款手游全球收入均超 10 亿美元.（2022-01-13）.[2023-04-06]. https://www.bilibili.com/read/cv14822698.
2. 搜狐网. 墨西哥人加入团战！HoK 于海外开始测试，王者荣耀玩家也纷纷点赞.（2022-07-14）.[2023-04-06]. https://www.sohu.com/a/567286441_121133494.

化创意发展研究院开展通力合作，通过运用三维扫描技术、点云技术构建了五处长城代表建筑，并在线上举办了一场绚丽的"长城光影秀"[1]。

游戏技术可以让长城突破时空，游戏也可以让历史与文化真实可感。游戏融合了中华优秀传统文化并对其进行更广泛的传播。随着中国游戏发展的精品化与国际化，国产游戏的"游戏出海"正在成为一种新趋势，以游戏之形唤起世界对中华优秀传统文化的共鸣，也使虚拟的网络游戏和中国千百年来的优秀传统文化互相成就彼此。

（三）城市全景网站虎山长城 VR

VR 全景城市是国内专业的在线 VR 全景地图载体平台，由浙江众森网络科技有限公司开发，面向世界各地、各行各业的用户。VR 全景城市系统通过 3D+ 虚拟现实技术结合二维地图经纬位置实现了国内领先的 VR 全景服务，缩短了用户与现实世界的时空距离感，为使用者带来了 3D 全景展示、深度互动、沉浸体验的 VR 互动体验。

目前，在城市全景地图上可以让体验者足不出户就能体验到由 VR 全景呈现出的辽宁丹东虎山长城。该地图拥有对辽宁丹东虎山长城远景俯视景观与地面细节景观两种不同的体验模式[2]，可以让体验者未临其境尽享其景。

值得一提的是，地面细节 VR 全景体验模式仿佛使人真正置身于辽宁丹东虎山长城之上。身边的一草一木树影斑驳，皆可随着人的移动而变化，除了可以进行沉浸式的游览体验，VR 全景城市还对丹东虎山长城的地理位置、历史背景进行了详细介绍，对 VR 体验过程起到了一定的补充作用。

1. STMBUY 网.《和平精英》：数字 IP 创新传统节日体验｜IP 案例.（2021-08-13）.［2023-04-06］. https://www.stmbuy.com/news/item-2rb000004.
2. 北江南. VR 全景城市.（2022-07-06）.［2023-04-12］. https://www.vrqjcs.com/p/01e3ffde44058013.

VR全景城市辽宁虎山长城VR全景展示

扫码体验
VR虎山长城

【视野拓展】沉浸体验世界文化遗产——秦始皇陵博物院兵马俑 VR 体验中心

　　2019 年，位于陕西西安的秦始皇陵博物院建馆 40 周年。为了庆祝这一时刻的到来，同年 5 月"秦始皇陵博物院兵马俑 VR 体验中心"[1] 正式落成，成为国内首家文博业大型 VR 线下体验馆，为陕西省文博旅游产业乃至全国文博业带来了新启发与新创想。

秦始皇陵博物院兵马俑VR体验中心

　　在整个 VR 体验中心内，除了环形巨幕观影区外最具特色的当属 206 个 VR 体验点位，可供游客亲身参与体验 VR 兵马俑。目前，该馆拥有全国游客接待量最大、

---

1. 搜狐网. 兵马俑 VR 体验中心正式落成！用科技实现大秦文明的穿越之旅.（2019-07-12）. [2023-04-12].
https://www.sohu.com/a/326547220_796676.

大型VR影片《秦·兵马俑》

片源最优、设备最新的VR体验中心。为了让硬件设备更好地发挥作用，VR体验中心还联合了西安可视可觉网络科技有限公司筹划制作了大型VR影片《秦·兵马俑》[1]，影片在制作上1:1还原秦朝历史，共分4个章节展现。为确保该影片的历史还原性及真实性，在影片的制作期间，各章节的每一个场景及细节都经过大批文博行业内的资深学者及秦朝历史考古的顶级专家指导。

秦始皇陵博物院兵马俑VR体验中心依托先进的技术打造沉浸式的世界文化遗产体验之旅，向更多人展示了秦文化、兵马俑文化，"VR+博物馆"的形式也是文博行业主动参与科技发展的一次跨越。全国像西安一样拥有世界文化遗产的地方还有很多，如何借助科技创新文旅产业，不断审视市场需求，讲好当地文化历史故事，加强对体验式文创的开发，也对长城文创的发展有着示范意义。

文中涉及辽宁长城书籍类信息汇总

序号	书籍名称	作者	出版社	出版年份	对应章节
01	《辽宁古长城》	冯永谦	辽宁人民出版社	1986年	第三章
02	《东北古代长城考古调查与研究》	冯永谦	辽宁教育出版社	2022年	第三章
03	《明长城通览》	李少文　梁嵘	清华大学出版社	2015年	第三章
04	《辽宁省明长城资源调查报告》	辽宁省文物局	文物出版社	2011年	第三章

1. 搜狐网. 兵马俑VR体验中心正式落成！用科技实现大秦文明的穿越之旅.（2019-07-12）.[2023-04-12]. https://www.sohu.com/a/326547220_796676.

文中影视类节目信息汇总

序号	节目名称	类型	观看平台	对应章节
01	《中国辽宁宣传片》	宣传片	央视网	第四章
02	《古长城》	宣传片	好看视频	第四章
03	《长城》	电影	互联网平台	第四章
04	《辽宁长城》	宣传片	辽宁文化云	第四章
05	"摸鱼事务所"河南博物院盲盒文创开箱视频	长视频	哔哩哔哩视频	第四章
06	《长城内外》	纪录片	央视网	第四章
07	《大好河山》	纪录片	央视网	第四章
08	《世界遗产在中国》	纪录片	央视网	第四章
09	《最美是家乡》	纪录片	央视网	第四章
10	《玉雕长城》	纪录片	央视网	第四章
11	《中国影像方志——辽宁卷绥中篇》	纪录片	央视网	第四章
12	《我家住在九门口》	纪录片	腾讯视频	第四章
13	《爱我长城》	电影	腾讯视频	第四章
14	《航拍中国》（第四季）	纪录片	央视网	第四章
15	《长城长》	综艺节目	哔哩哔哩视频	第四章
16	《创意中国》	综艺节目	爱奇艺视频	第四章
17	《万里走单骑——遗产里的中国》（第三季）第二期	综艺节目	腾讯视频	第四章
18	《上新了·故宫》	综艺节目	爱奇艺视频	第四章
19	《直播长城》	直播回放	央视网	第五章
20	"云游辽宁九门口长城"	直播回放	央视新闻客户端	第五章
21	"云游中国·辽宁篇"——"九门口长城"	直播回放	央视新闻客户端	第五章
22	《乘着大巴看中国》	直播回放	央视频 APP	第五章
23	《辽宁日报》"看辽宁'最美野长城'"	直播回放	北国新闻客户端	第四章
24	《考古公开课》三星堆直播	直播回放	央视网	第五章

第六章

全国长城文创对辽宁长城文创的启发

一、全国实体长城文创的实践及启发

如前文文创分类部分所述，实体文创主要依托于物质，融入日常家居、办公、休闲、娱乐等生活中。全国实体长城文创实践中，较具代表性的当数中国长城学会长城文化旅游工作委员会官方长城文创 IP 品牌运营公司（线上为主）、八达岭长城文创旗舰店（线下为主），以及淘宝网上典型的相关实体文创产品。[1]

（一）长城文创官网的实体长城文创实践及启发

长城文创官网（中国长城官方文创 IP）是中国长城学会长城文化旅游工作委员会官方长城文创 IP 品牌运营公司，品牌成立于 2019 年 10 月，通过多元化的延伸创意深度挖掘开发长城沿线 15 个省市优秀长城文化，把中华民族优秀精神融入生活点滴，为世界展现不一样的新时代中国人形象及生活方式。文创产品分为国潮文创、长城出版、长城国礼、长城非遗、长城穿搭几大板块。整体上，长城文创官网上的长城实践表现出三大特征。

首先，品类多样，融入生活。长城文创官网上的长城实体文创主要包括国潮、出版、国礼、非遗、穿搭。国潮产品主要包括积木、鼠标、手机壳、袁隆平大米；出版产品主要包括长城文创状元笔、长城文创状元卷轴等。这些文创产品品类多样，融入人们的日常生活，满足人们对长城文化的体验需求。

其次，时代性强，迎合青年风格。长城文创官网上的长城实体文创体现出较强的时代感，如国潮手机外壳、"爱我中华"长城文创 T 恤卫衣、长城国潮状元笔等。

---

1. 长城文创官网（中国长城官方文创 IP）http://www.changchengwenchuang.com/.

这些文创融入生活，活泼且具有创意，迎合了青年对独特时尚及文化的追求心理。

再次，依托重点节庆，推动社会"以文为礼"。长城文创官网上的长城实体文创将长城文化与节庆文化融合。将长城元素融入节庆礼品、节庆日常用品等消费品中，提升了长城文化的传播力、影响力，也提升了节庆产品的文化意涵，培养社会文化情操。

但是由于其专题的独特性，与生活融入还有很大的空间可以开发。这更多地需要长城文化内涵的联合开发，如史学界对文旅意义的发现、政策部门对长城文化的关照、相关学界及媒体对内涵的开发及视音频传播转化，都是将长城文化内涵进行深入化、社会化发展的过程。

在长城文化内涵深入化、社会化的过程中，长城文创有精神内涵被拓展开来。开发空间也将大大提升。

长城文创官网首页

长城文创官网文创产品页

长城文创官网文创产品分类页

（二）八达岭长城旗舰店实体文创的实践及启发

八达岭长城文创旗舰店，由艺莲文创与八达岭文旅集团及八达岭长城文创非遗中心合作运营，在八达岭长城管理处及文旅部相关部门的支持下，八达岭长城文创旗舰店已于 2021 年 8 月 23 日开启试运营。同时也吸引了《北京时间》前往直播助力，及更多媒体的关注，让更多人感受到八达岭长城文创的魅力。同时也标志着八达岭长城开启官方文旅文创新征程。

八达岭长城文创旗舰店的开业，标志着八达岭长城正式开启文创文旅新征程，将长城这个历史悠久的名胜古迹，以自身历史故事为背景，打造独一无二的 IP 形象，给文创领域增添精彩的同时，也为广大游客提供更多更精致的旅游文创纪念品。

与旗舰店一同亮相的，还有八达岭长城文创全新IP形象：秦小包、秦大福。一个是阳光正直的憨憨少年，一个是穿越古今的中华福猫，八达岭长城文创的故事由他们开始。

八达岭长城文创旗舰店呈现于玻璃窗的融合长城元素 的非遗剪纸

八达岭长城文创旗舰店内最具特色的要数非遗展示区。它以烽火台内的视窗为灵感，融合长城、故宫、冬奥场馆、北海的元素，再结合非遗砖雕、粉彩、满绣、漆雕、剪纸等纹样进行设计。远景作为整体视觉的贯穿；结合冷、暖的灯光设计，强调整体非遗场景的统一化。此外，在休息区的上方，设计师把长城元素与冰雪元素合二为一，以非遗剪纸的形式呈现于玻璃窗下。阳光一洒而过，画面也跟着光影动起来，宛若一幅剪影画作，人景合一，自然而然。

在非遗展示区的正对面是八达岭长城文创雪糕的阵地。经过全新设计，新一代的长城雪糕将更受消费者欢迎。口味上，新版长城雪糕加入了颇具北京特色的茉莉花茶味，也就是老北京常说的"高碎"，在味道上就很契合文化的主题。而在雪糕的造型上，除了经典的八达岭长城C位景观，还有激萌的"一条好汉"造型，满足大众"不到长城非好汉"的雄心壮志。这个好汉IP也沿用在其他产品上。[1]

1. 八达岭长城文创旗舰店火爆开启．https://baijiahao.baidu.com/s?id=1712293828570747304&wfr=spider&for=pc.

（好汉专享）长城雪糕冰淇淋相关文创产品及展柜

八达岭长城文创旗舰店的文创IP秦大福"风华正
猫"宣传画

八达岭长城文创旗舰店的国潮新故事文创宣传画

长城国潮各种口味发光棒棒糖展示

近年来，八达岭文旅集团落实"东西部协作"项目，将长城文化内涵与内蒙古优质奶源结合，推出"八达岭·田牧"文创冰品，创新延庆区打造"长城、冬奥、世园"三张金名片的文旅内涵。

"明小兵"冰品雪糕作为明小兵文创产品的衍生产品，丰富了八达岭景区文创产品种类，中和了冰棍和雪糕的制作特点，既能较长时间不融化，保持良好质感，又不坚硬难咬，拥有很好的口感。[1]

八达岭长城文创产品"明小兵"冰品雪糕

明小兵系列文创产品创意来源于在修筑长城征兵时，自小有着从军梦想的明小兵如愿入伍，参与修筑长城和戍边卫国。因为之前售卖烧饼的职业导致身形略胖，明小兵便成为一名合格的"龙套兵"，哪里需要哪里搬。明小兵是一名追求梦想的普通人，是成千上万修筑明长城军士的一个缩影，深受广大市民和游客的喜爱。产品投入市场后，立刻成为网红产品，还曾作为2020年北京长城文化节等重要活动的标志物。

八达岭文旅集团将文创产品与冷饮很好结合，促成了"明小兵"冰品的诞生，

---

1. 长城文创产品"明小兵"冰品雪糕来到八达岭啦！. https://baijiahao.baidu.com/s?id=17061308983007809188&wfr=spider&for=pc.

呆萌可爱的造型，醇正爽滑的味道，简约时尚的包装，加深了广大游客的亲近感，更加深了广大市民对长城文化精神的感知和认同。为加强"明小兵"文创产品的推介力度，除在八达岭景区文创店购买，主办方还将"明小兵"冰品雪糕运送到延庆首条城区往返八达岭夜长城直通车"夜巴士"上，供游客免费品尝。

此外，北京八达岭智慧旅游公司还将开展寻找"明小兵"真人秀活动，以"撞脸"相似度为亮点，寻找 500 年前的"你"。主办方根据"撞脸"相似度，最终评选出明小兵代言人，一起来保护长城，一起来参与消费节新品——少年使者研学体验活动，一起唤醒爱我中华、爱我长城的责任意识。

整体上，八达岭长城文创关于实体文创的开发实践表现出三大特征。

首先，注重 IP 的开发，将以 IP 撬动产业系统化发展。八达岭长城文创的长城实体文创八达岭长城文创旗舰店在开业之初，便推出八达岭长城文创全新 IP 形象：秦小包、秦大福。一个是阳光正直的憨憨少年，一个是穿越古今的中华福猫，以两位卡通人物 IP 形象，连同 IP 形象背后的故事，撬动八达岭长城文创的产品开发。

其次，轻松活泼，注重感官体验。八达岭长城文创紧紧抓住青少年的心理，与两位卡通人物 IP 形象秦大福、秦小包同时出现的，还有早已被小朋友们所熟知和喜爱的《西游记》中的孙悟空形象。孙悟空与长城元素结合，与两位卡通人物形象融合，形成了联合 IP 的效果，同时也注重心理体验。除此之外，将这些形象融入雪糕、棒棒糖制作中，既体会到文化，也体会到感官的美好，同时带来愉悦。推动青少年们关注这些活泼形象背后的故事。

再次，与非遗融合，注重区域文化联动发展。八达岭长城文创与非遗砖雕、粉彩、满绣、漆雕、剪纸等结合，同时与城市其他文旅元素故宫、冬奥场馆、北海融合，形成了区域文化联动发展的效应。

由于八达岭长城实体文创其活泼性的主旋律，因此在文化内涵关照上，还有很多开发的空间。

（三）淘宝网的实体长城文创的实践及启发

淘宝是众多设计师孵化创业的重要平台，吸引了近5万设计师登淘创业。其中，44%为"八五后"青年，"九〇后"及"九五后"的"小鲜肉"更是占到三分之一。以Hostar团队为例，创始人王运星是"九五后"。他从大三就开始出来创业，带着一群"九〇后"做各种广告创意策划、装置等设计。淘宝成为他当初创业的首选。

淘宝曾设计出一整套设计师创业的赋能机制，推出"腔调"频道，定向邀请独立设计师品牌、原创设计师入驻，覆盖服饰、箱包、配饰、家居等品类，为他们提供流量曝光、供应链整合、知识产权保护、资金撮合等服务，最终帮助设计师快速成长，找到精准用户群。

青年设计师成群入驻淘宝，正显示出淘宝在为原创设计行业的发展提供一个良好有序的环境。在淘宝这块原创设计的沃土上，无数年轻设计师的新鲜想法能够在这里落地生根，与中国文化IP的合作也才刚刚开始。[1]

2019年5月21日，淘宝发布"国宝联萌"[2]计划，宣布将联动淘宝卖家、平台设计师资源及生态伙伴，共同开发"100+"国宝IP，打造百亿级市场。从IP引入到创意衍生品设计生产与销售，再到IP二次创作商品版权保护，提供全方位、全链路、全生态支持。首批敲定合作的包括兵马俑淘宝、川剧淘宝、敦煌淘宝、中国天眼淘宝、长城淘宝、长征火箭淘宝、中国航母淘宝、圆明园兽首淘宝、西湖淘宝、熊猫淘宝（公益）十大国宝IP。

针对触网程度不同的国宝IP，淘宝还为这些国宝"量身定制"了入淘方案。"国宝联萌"计划负责人、淘宝市场部总监郑重介绍："像兵马俑这样的IP，原先已在淘宝开设了'兵马俑淘宝'店。我们联系到IP方之后，希望把我们的一些想法跟

1. 淘宝发起"国宝联萌"，青年设计力量给"国宝"带去什么改变 __ 凤凰网. https://ishare.ifeng.com/c/s/7mr7Waj9vFL.
2. 武汉发布羊大."国宝联萌"计划上线，未来3年100+国宝"触网"打造新IP. https://baijiahao.baidu.com/s?id=1634102766155353583&wfr=spider&for=pc.

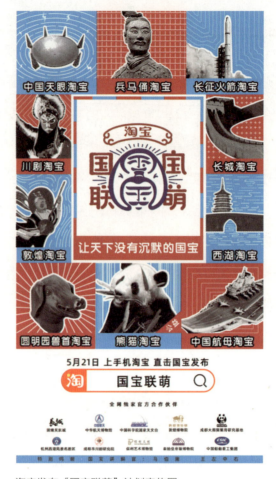

淘宝发布"国宝联萌"计划宣传图

他进行碰撞，包括怎么样让国宝更贴近大众、更贴近年轻人，大家达成合作意向之后，我们也引入设计师帮助它打造更有新意的 IP 衍生品。"

而对于一些尚未进行 IP 开发的合作方，淘宝则从 IP 授权体系的建立开始，提供创意设计、精选供应链伙伴生产制造商品，再到完成开店与运营，一步步打造有"淘宝味儿"的国宝 IP 衍生品。

为了保护这些基于 IP 进行二次创作的新商品，所有参与"国宝联萌"计划的商家，都可直接入驻阿里原创保护平台。哪怕是一张创意手稿，只要通过了平台算法的原创性验证，即可得到第三方权威公证机构颁发的电子"出生证"，遇到抄袭情况时即可向平台直接举报，侵权商品会被快速下架。"打开想象力的边界，为每个国宝IP 找到可存续的方式，并且真正融入到每个人的生活里，从而被大众喜欢、保护和传承，将是'国宝联萌'最大的价值所在。"

商业生态圈打通国宝变现链路

在淘宝上推出的长城产品整体呈现几大类别，如饮食、日用品、玩具等。创意主要体现在品牌联合、融入生活、内涵的延伸。

首先，长城文创与袁隆平农场联名推出"隆平农场东北珍珠米"（产地辽宁省盘锦市）。对辽宁长城文创的启示其一是推动两种品牌增值，实现强强联合；其二是将长城文化与东北大米结合，推动地方农副业的发展。类似文创还有长城文创和潮汕功夫茶的联名文创产品。

其次，长城文创的文化精神及创意与各类茶叶组合。长城文化与茶文化结合，实现审美及品美的结合。例如长城文创·城市手信之潮汕功夫茶凤凰单丛茶叶礼盒，长城文创同庆茶叶礼盒龙井茶茉莉花茶小青柑组合。长城文创在茶叶礼盒包装创意上大有发展空间，形状、颜色、故事融合到单个包装及整体包装中来，使茶叶具有历史感、文化感、故事感、审美感。

再次，长城文创与节日、消费人群集中需求结合，形成长城好礼（春节好礼）、长城玩具（积木、盲盒）、国潮系列（手机壳、冰箱贴）等。

袁隆平大米 & 长城文创
YUAN LONG PING RICE CHANG CHENG XIANG DAO

隆平农场

长城文创 x 人民好米
长城文化为背景，结合原创稻神IP，以流行国潮诠释中华民族文化之美，弘扬新时代中国人文精神，让国民吃饱吃好。

强·国·有·我

产品信息
Product information
LONG PING NONG CHANG

品牌	产地	净含量
袁隆平大米	辽河	5kg
产品	等级	保质期
长城香稻	粳米一级	12个月
储存方式	注意保持干燥通风，避免阳光直射	

授权证书
CERTIFICATE OF AUTHORIZATION

拥有"袁隆平"、"隆平农场"商标的使用权

优质米源地
以改良碱地，育稻香之魂

北纬黄金稻作区 日照时间足
改良碱地 洁净无污染
辽河地表水 自然灌溉
稻蟹共生 生态循环

长城文创与袁隆平农场联名推出"隆平农场东北珍珠米"[1]

长城文创·城市手信之潮汕功夫茶凤凰单丛茶叶礼盒[2]

长城文创同庆茶叶礼盒龙井茶茉莉花茶小青柑组合[3]

---

1. 长城文创袁隆平大米隆平农场东北珍珠米稻花香真空新粳米粥米. https://item.taobao.com/item.htm?spm=a1z10.3-c.w4002-22578168526.33.27a64792SvIFSW&id=659542509478&mt=.
2. 长城文创·城市手信之潮汕功夫茶凤凰单丛茶叶礼盒. https://item.taobao.com/item.htm?spm=a1z10.3-c.w4002-22578168526.35.361447929r2MMy&id=625933089615&mt=.
3. 长城文创同庆茶叶礼盒龙井茶茉莉花茶小青柑组合. https://item.taobao.com/item.htm?spm=a1z10.3-c.w4002-22578168526.51.361447929r2MMy&id=638186230178.

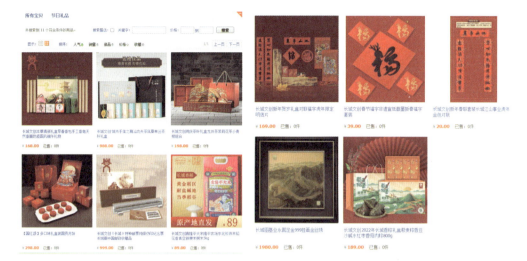

淘宝网长城文创（春节好礼、长城玩具、国潮系列）[1]

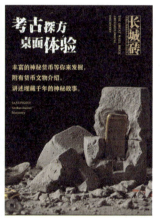

淘宝网长城文创长城砖考古盲盒[2]

1. 端午巨献—长城文创—淘宝网. https://shop283517103.taobao.com/category-1611704836.htm?spm=2013.1. w5001-22578168494. 4.4776a5c5z3S4UL&search=y&catName=%B6%CB%CE%E7%BE%DE%CF%D7&scene=taobao_shop#bd.
2. 长城文创长城砖桌面考古盲盒. https://item.taobao.com/item.htm?spm= a1z10.3-c.w4023-22578168525.7.36144 7929r2MMy&id=660662649699.

二、全国虚拟长城文创的实践及启发

　　上文展示了八达岭长城实体文创实践，八达岭长城景区同时也推出了长城虚拟文创产品"首席数字导览官"和"少年使者"研学体验活动，加入全新时尚元素的游览体验，深受青少年喜爱，同时也对辽宁长城虚拟文创形成一定的启发。

　　"首席数字导览官"又名"实景数字博物馆"，是一种全域性的数字博览系统，游客佩戴导览设备，每走到一个打卡点，导览系统就会自动弹出讲解知识点界面，讲解切合长城的实地实景文化，增强游客对长城文化的深度体验。

　　"少年使者"则是专门为青少年设计的，通过探索手册、任务地图、探索任务等，让青少年以探索发现的形式到预定地点打卡，完成"规定动作"，并由多年行

数字长城"种植"超过20万棵树

实时渲染、动态光照技术下的长城美景

AAA级的观看效果

喜峰口西潘家口段长城修缮前后对比

走长城的保护员、志愿者，为孩子们讲解不一样的长城，学习修复长城知识、宣讲保护长城理念后，孩子们可以得到身份勋章和官方证书，激发起好奇心与学习兴趣，增强对长城文化遗产保护的责任和意识[1]。

在"云游长城"[2]小程序内可链接到基于游戏技术打造的"数字长城"。用户通过手机就能立即"穿越"到喜峰口西潘家口段长城，在线"爬长城"和"修长城"。这是全球首次通过云游戏技术，实现最大规模文化遗产毫米级高精度、沉浸交互式的数字还原，成为前沿科技和数字技术在文保领域实现创新应用的又一标志性范例。

自 2016 年起，中国文物保护基金会携手腾讯，以长城为重点，启动实施了一系列公益项目，其中就包括"保护长城，加我一个"修缮项目。该项目募集资金近 5000 万元，完成了北京怀柔箭扣南段、河北喜峰口西潘家口段、北京延庆八达岭古长城段的长城保护修缮，并启动箭扣东段保护修缮项目，为长城修缮理念的完善作出创新示范。此外，还拍摄纪录片、出版绘本等。通过采取一些有趣的手段，让更多受众可更加直观地了解长城，使长城文创不再晦涩难懂。形成了对长城进行趣味化、体系化和可控化的数据处理的"云游长城"项目。

"云游长城"系列成果中最引人瞩目的是"数字长城"。"数字长城"对修缮后的喜峰口长城进行实地扫描和数字重建，是全球首次通过云游戏技术，实现最大规模文化遗产毫米级高精度、沉浸交互式的数字还原。

数字体验是"云游长城"深受欢迎的法宝。"数字长城"研发团队负责人、腾讯互娱副总裁崔晓春表示，长城"数字化"的概念实际上已经提出多年，但多数产品还局限在图片、全景和三维模型的简单采集与展示层面，无法提供便捷、低门槛、有吸引力的数字体验，难以吸引公众主动参与。近年来，科技的发展为长城的

1. 我省将建 6 个长城核心展示园和 3 座长城博物馆，专家建议——深挖文化内涵为长城展示做好学术支持，[N]. 辽宁日报，2022-1-19（011）.
2. "云游长城"上线，毫米级高精度数字还原长城. https://new.qq.com/rain/a/20220611A0A47X00?no-redirect=1.

"数字化"提供了新的思路和解法。

"数字长城"创新运用了很多技术能力，来构建逼真的环境和优质的体验。首先，通过照片扫描建模技术，实现了毫米级测量，以对超过5万张海量素材的渲染，

四幅图均"云游长城"微信小程序

生成了超 10 亿面片的超拟真数字模型。其次，在处理多达 10 亿面片长城墙体扫描资产的基础上，在周围山体"种植"了超过 20 万棵树，可以"一镜到底"看到非常完整的自然环境。再次，通过实时渲染和动态光照技术，让人们可以在里面移步换景，甚至感受早晨、中午、黄昏的美景变化。最后，通过云游戏传输流控算法，确保在手机等移动端，能将庞大的数字资产以 AAA 级的观看效果和交互体验呈现给观众。

除了提供更具科技感和沉浸感的体验之外，"云游长城"还能通过趣味互动，让人们了解长城常识和修缮知识。例如，在"长城轻阅读"版块中，可以了解各种"长城之最"；在"长城·万里共婵娟"里，可以选择最适合赏月的长城段，搭配古诗词生成浪漫唯美的图片；"答题识长城"也很有意思，答题互动之后可以获得"小红花"，这些"小红花"能通过公益平台配捐的方式，助力到对应的文保项目之中，让用户的线上参与变成线下公益。

云游——长城国家文化公园（河北段）小程序"点亮"和"发现"

除了数字体验，数字保护可以培养受众对长城的保护意识，提升受众参与感和成就感。2021年，《"十四五"文物保护和科技创新规划》明确提出要加强文物科技创新。2022年，中办、国办印发了《关于推进实施国家文化数字化战略的意见》，鼓励多元主体依托国家文化专网，共同搭建文化数据服务平台；大力发展线上线下一体化、在线在场相结合的数字化文化新体验。

　　"云游长城"拉近了公众与长城的距离，引导大众积极参与长城保护，是推动中华优秀传统文化创造性转化、创新性发展、讲好中国故事的一次有益尝试。

　　与上述"云游长城"相似的，还有区域性标杆云项目——"云长城河北"小程序。"云长城河北"小程序是长城国家文化公园数字在线工程的标杆项目，使用者可通过VR全景快速查看河北长城重要区段景色、长城沿线博物馆、重要长城建筑的三维模型。类似于这种关于区域性开发的云游长城类项目，具有地方特色，开发相对轻巧，可以与地方城市媒体融合在一起，形成城市文旅联动的效果。同时也将形成全国云游长城百花齐放的风景，推动长城虚拟文创的深入多元化发展。

云游——长城国家文化公园（河北段）小程序"历代长城"和"长城文物"

三、全国虚实结合长城文创的实践及启发

国家在长城文化保护与开发上，非常重视虚实融合文创产品的生产，来实现对长城文化的保护与多元开发。长城是中国体量最大的文化遗产，也是中华民族的象征，然而历经千年风雨，部分段落损毁严重，有些长城濒临消失。长期以来，国家文物局高度重视长城保护，紧抓《长城保护条例》落实，拓展公众和社会力量参与方式，吸引更多的社会力量加入文化遗产保护事业之中，营造传承中华文明的浓厚社会氛围，持续推进长城保护利用，以长城保护凝聚中华民族精神。

中共中央办公厅、国务院办公厅印发的《关于推进实施国家文化数字化战略的意见》中明确提出，鼓励多元主体依托国家文化专网，共同搭建文化数据服务平台；大力发展线上线下一体化、在线在场相结合的数字化文化新体验。《"十四五"文物保护和科技创新规划》中也明确提出，要加强文物科技创新，文化和旅游部、国家文物局还将文物科技创新、数字化建设纳入未来发展计划。

关于长城虚实融合文创的开发，目前主要以"虚拟＋空间体验""虚拟＋美食体验"以及"虚拟＋现场观影体验"为主。

（一）虚拟＋美食等体验　小食品小物件撬动大市场

民以食为天，将长城文创与衣食住行结合，尤其与食物结合，是近年来长城文创的主要形式之一。而"长城元素＋小食品＋虚拟创意"可谓大大地迎合了现代消费需求。

在2021年"五一"期间，怀柔区慕田峪长城景区推出10余款长城文创，其中就包括含在嘴里能听讲解的"长城解说棒棒糖"、红色主题冰箱贴、长城造型的雪

糕……在假期大批圈粉，不仅实现了 15 万元的销售额，是 2019 年 5 万元的 3 倍，还吸引了 11 万人次游客到长城游览。

长城解说棒棒糖

在 2021 年推出的长城文创中，"长城解说棒棒糖"使人耳目一新。这款棒棒糖将骨传导技术与糖果结合，打开棒棒糖手柄上的开关，与手机蓝牙连接，扫描包装卡片上的二维码，再把棒棒糖含在嘴里，就能通过口腔体验到只有自己能听见的解说。无需耳机、不用外放的新颖形式，吸引了很多年轻人一试究竟。[1]

为和长城所代表的传统文化氛围相融合，景区还引进了汉服体验店，"五一"期间也大受欢迎。新入驻商业街的慕佳人汉服清宫服体验馆有成人及儿童古装近百套，包括典型汉服齐胸襦裙、清雅素丽的宋制襦裙、艳丽精致的明制服饰等，附带化妆造型一条龙服务，游客纷纷穿古装在长城上留影，体验侠骨柔情。

景区还与中旅旅行联合举办了"2021 年首届慕田峪房车潮玩嘉年华"，在青山环绕的慕田峪长城山庄摆放了数个精巧的轻奢帐篷，供游客体验"在长城露营"。景区还设置了常规的非遗体验项目，让游客在游览长城的同时，更多地走进传统文化。

1. 慕田峪长城雪糕、解说棒棒糖——含在嘴里就能听到长城解说词，慕田峪景区这款棒棒糖火了！https://baijiahao.baidu.com/s?id=1698906917774975865&wfr=spider&for=pchttps://www.sohu.com/a/655936831_121658704.

（二）沉浸式视听盛宴　小舞台再现大历史

舞台剧是将长城虚实融合文创深度开发的重要方式。其通过对历史与文化真实再现的方式，与演艺艺术结合，同时在长城文化公园实景场地演出，使得文化氛围与文化内涵充分地融合。

在沉浸式舞台剧中，较有代表性的为2022年9月9日，山西省精心打造的沉浸式人文体验演艺项目《遇见娘子关》。万里长城第九关——娘子关，历史悠久，是历代兵家必争之地，也是中国万里长城著名关隘。据记载，唐太宗的姐姐平阳昭公主，曾率娘子军在此设防、驻守，故名娘子关。

《遇见娘子关》是由山西文旅集团倾力打造的第六部文旅融合演艺项目，是山西文旅集团继《又见平遥》《又见五台山》《再回相府》《太行山上》《遇见秀容》之后，在旅游演艺方面又一精品力作，也是2022年山西省重点工程"娘子关泉上文旅特色小镇"的重要分项工程之一，开启了阳泉旅游演艺项目的先河。

该剧特邀国内知名沉浸式旅游演艺导演丛明玲、张冬团队编创。全剧将小人物与大历史相交织，以平阳昭公主的传说故事为创作根基、以娘子关明代长城修筑为故事起点，将娘子关军户之女徐元娘面临外敌入侵、顽强抗争作为故事脉络，表现出唐初平阳昭公主镇守关隘的坚韧卓绝。总之，《遇见娘子关》将带游客感受一场

沉浸式人文体验剧《遇见娘子关》剧照

穿越古今的沉浸式视听盛宴。[1]

平定县委副书记、县长郭满仓在致辞中指出，近年来，以娘子关景区项目建设为核心，平定县文旅产业发展迅速，成绩斐然。"娘子关泉上文旅特色小镇"是山西省 10 个第一批省级特色小镇之一，总里程为 286 千米的太行一号旅游公路平定段主线贯通，将娘子关、冠山、七亘、红岩岭等旅游景区完美串联在了一起。沉浸式人文体验剧《遇见娘子关》试演，使平定县文旅业态得到了进一步的完善和提升，旅游吸引力得到了进一步加强。

山西文旅集团党委副书记、副董事长、总经理王琳表示，近年来，山西文旅集团和阳泉市委市政府、平定县委县政府，地企合作，同频共振、同心协力、同题共答，携手推进娘子关景区开发建设、成功创建国家 AAAA 级旅游景区、人居环境集中整治、网红太行一号旅游公路建设，"娘子关泉上文旅特色小镇"成功入选"山西第一批特色小镇"创建名单，如今《遇见娘子关》演艺项目开始试演，变化不断，亮点纷呈。同时，文旅集团作为省内文旅行业的旗舰"劲旅"，将和阳泉市委市政府、平定县委县政府一道携手加快推进精品民宿、娘子关景区旅游基础设施、景区园林景观提升改造等重点项目的建设，丰富旅游业态，提升游览体验，把娘子关景区打造成为阳泉首个 AAAAA 级景区和综合康养示范区，为全面提升阳泉市和平定县的城市形象助推全方位高质量发展贡献力量。[2]

山西省类似演艺剧目还有《北魏长歌》《长城长》实景演艺，《如梦云冈》项目落地，创排《热血》《太阳又照桑干河》等精品剧目。

类似的还有山海关长城大型室内演出《长城》[3]。这出大戏，用 50 分钟的篇幅展示出秦皇岛对国家的战略贡献，以及人们深沉、细腻的"爱情故事"和"家国情

1. 山西娘子关长城演艺文创《遇见娘子关》沉浸式视听盛宴！ https://baijiahao.baidu.com/s?id=17438108819775
52045&wfr=spider&for=pc.
2. 沉浸式视听盛宴！山西文旅集团又一力作《遇见娘子关》亮相. https://baijiahao.baidu.com/s?id=17438108819
77552045&wfr=spider&for=pc
3. 山海关长城第一秀——大型室内史诗演出《长城》. https://www.92qhd.com/article/article_2590.html.

怀"。这出大戏，从新时代历史视角解读，进而化为游客打开尘封千年的"历史雄关"的一把钥匙，在山海涌动的历史洪流中，读到"此山、此海、此人"，读懂"此城、此关、此魂"。

大型室内史诗演出《长城》，位于山海关区"天下第一关"景区"长城第一秀"文创集群内，剧场占地4000多平方米。

演出整体采用创新的环绕式多重影像系统，通过隐藏式机械装置、程控式多轨威亚、天候模拟系统、复合式工程投影体系等诸多创新舞台技术的综合应用，构筑空间、时间、天候等多维度的立体观赏感受。

置身其中仿佛穿越到过去，打破了时空的限制，历史重现，带给观众巨大的视觉冲撞和心灵震撼！

《长城》是由"全国文化企业三十强"、中国山水实景演出创始团队——山水盛典文化产业股份有限公司进行演出的创作、制作；中国山水实景演出创始人、山水盛典董事长梅帅元担任演出总导演。

《长城》从秦皇岛原生文化的历史和内容提炼核心符号，用"复活""出征""离乡""筑城""天下""光明"六幕的叙事。以"秦始皇""孟姜女""范喜良""蒙恬""李斯""老石将"等重点人物为主线，来阐述家国的追求、民族的大义，战争的壮怀激烈、和平的来之不易。

此次将山海关长城与实景演出相结合，让观众看完演出之后，"见山仍是山，见水仍是水"，心灵却已经历洗涤。

大型室内史诗演出《长城》

演出整体采用创新的环绕式多重影像系统之一

关于长城文化的沉浸式视听盛宴，使得文化在小舞台中被激活，其背后的历史得以再现，人们心灵受到洗礼，长城文化在这种虚实结合的演绎中得以相对更有效地传播。

（三）唱响长城文化历史　畅想长城文化未来

音乐自古是人类精神传承的重要媒介。音乐也是文化大众化的重要方式。长城文化的虚实融合大众化的又一重要的方式便是以音乐文化为媒介。

为响应"文化产业赋能乡村计划"，打造音乐主题特色文化乡村，进一步激发文旅产业活力，中国教育电视台新歌快递节目组（原创音乐盛典特别节目）和居庸关长城音乐节正式落户居庸关长城。在长城上面给全国的老百姓带来一场文化艺术的视觉音乐盛宴——居庸关长城音乐节。该次华语金曲原创音乐星光盛典第一站于2023年4月30日在北京昌平拉开帷幕，在素有"天下第一雄关"之称的居庸关长城脚下开展居庸关长城花海音乐节。该音乐节由中国教育电视台矩阵媒体进行全球直播，天堂乐队、蔷薇乐队、额尔古纳乐队、撞星乐队、信乐团、中国新说唱王炸兄弟等多个乐队进行现场表演，同时还邀请到乌兰图雅、海伦、周艳泓等百位歌手艺人轮番上阵，群星璀璨，携手共创音乐盛典。

长城音乐节对于长城文化大众化传播具有一定的时代价值。一方面通过将虚拟布景、现实长城遗址以及时代音乐艺术结合，将推动音乐与长城文化的融合发展；另一方面也使优秀的长城文化，推动我国音乐领域的文化内涵及氛围的提升，推动社会主义核心价值观的大众化、生活化发展。

（四）开发长城文化的融合特征 推动长城文创的国际化发展

长城文化的现代转化，使得长城打破封闭的文化形象的一面，突显其融合交融的一面。开发长城文化交融性特征，可促进长城文化的国际化，同时开拓我国经济国际化发展的更广阔的空间。

"2021'一带一路'·长城国际民间文化艺术节"，便是将长城文化与"一带一路"国际文化结合，与新时代民间文化交流结合的典型范例。2021年9月15日至17日，由河北省人民政府与文化和旅游部共同主办的2021"'一带一路'·长城国际民间文化艺术节"在河北廊坊丝绸之路国际艺术交流中心和秦皇岛两地共同举办，并于9月16日至19日对广大民众开放。推出了一系列演绎作品。美美与共——艺术节开幕文艺演出、阿塞拜疆百年经典轻歌剧《货郎与小姐》音乐会版、"百年百艺"民间文化艺术展、2021长城交响音乐会、"长城之美"摄影展……该届艺术节以丰

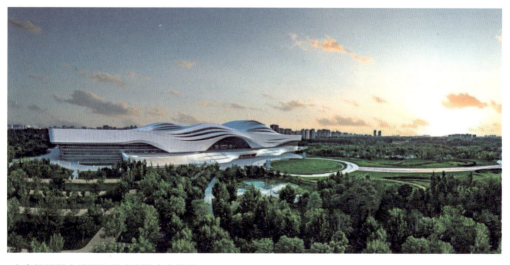

主会场丝绸之路国际艺术交流中心外景

富多彩的活动，带领海内外观众，倾听丝绸之路的千年回响，欣赏"一带一路"的壮美图景，领略民间文化交流的多彩华章。

艺术节开幕演出以"文化艺术交融·共建'一带一路'"为主题，中国风、国际范同台演出争艳，分为《序：美美与共》《丝路之光》《长城内外》《时代华章》《尾声：共建共享》五个板块，运用器乐、舞蹈、声乐、戏曲、杂技等多种艺术形式，充分发挥声光电等现代舞美技术手段，打造了一场立足国际视野、凸显时代精神、多元文化融合的精彩演出。[1]

长城艺术节展现不同国家、不同民族的音乐风格和各国人民对美的理解和诠释。不仅促进了长城文化的国际化，更推动了中华文化国际化传播的步伐。

1. 古长城与新丝路相约！2021"一带一路"·长城国际民间文化艺术节亮点纷呈—文旅·体育—人民网，http://ent.people.com.cn/n1/2021/0917/c1012-32230174.html.

第七章

各类文创对

辽宁长城

文创的启发

一、内涵的延伸

长城文化内涵要突破历史、突破长城文化实践本身，从哲学、政治经济学、社会学、人类学等各学科视角拓展其内涵意义，并将丰富的内涵通过文创的方式表达出来。

案例一：奥林匹克（文创）

由中国奥林匹克委员会注册的商标，授权北京资和信百货商场有限公司运营管理，主营奥运赛事系列、奥运经典系列、奥林匹克藏品系列等奥运会的衍生文创产品。奥林匹克（文创）的成立就是将奥林匹克文化的内涵与价值转化为实体的文创产品，通过更多人的收藏，传承全世界共同追求的体育精神以及人类文明的时空印记。

"冰墩墩""雪容融"深受大众喜爱，离不开优秀的文创设计。其不仅颜值高，还要有温度，能打动人心，体现中华文化的软实力。当"冰墩墩""雪容融"正式被确认为北京冬奥会、冬残奥会吉祥物后，国内 28 家获得授权的特许生产企业便开始设计、生产更为丰富的周边文创产品。孙震所在的企业便是这 28 家中的一家。他们拿到三大类 600 多款产品的授权。企业都很珍惜这个机会，对设计和制作的每个环节都反复打磨，力求拿出完美的产品。比如，基于标准版"冰墩墩"，他们就开发了 7 种不同色彩的衍生产品成为大卖的"盲盒手办"。

在众多文创产品中，除了吉祥物、冬奥、体育竞技这些常规主题以外，许多外国人士都表示，中国独有的文化之美是最吸引他们的地方。这也是 2022 年北京冬奥会、冬残奥会文创产品的亮点之一。"12 月令"是一套体现中国古典美的纪念徽章，12 枚徽章对应 12 个月，每一枚都选取了当月最有代表性的节日和民俗活动，背后还配上一首古诗，巧思创意令人拍案叫绝。[1]

北京冬奥会文创"12月令"徽章

奥林匹克官方旗舰店—玩具

1. 焦点访谈：冬奥文创，实力"圈粉"（2022-03-01）. https://baijiahao.baidu.com/s?id=1726083405219635589& wfr=spider&for=pc.

案例二：你好历史

你好历史的文创产品是依托山东卫视推出的历史文化类喜剧季播节目《你好！历史君》而开发的精美礼品，其产品既有历史的文化气息，也有现代的时尚美观，颇受消费者的喜爱。

你好历史—天猫旗舰办公用品文创 [1]

《你好！历史君》是山东卫视着力打造的周四文化节目带中一档文化喜剧类季播节目，节目通过"历史君"和"历史君家族"解读历史大人物、大事件背后鲜为人知的细节，把历史文化知识进行青春活力的综艺化包装，为观众展现一个个更为立体、鲜活的历史形象，达到了"谈笑学历史，嗨罢无白丁"的节目效果。每期节目通过"时光转盘"切入一个历史朝代，讲述那一朝代的新鲜故事。

1. 你好历史旗舰店—天猫. Tmall.com，https://nihaolishi.tmall.com/.

你好历史—天猫旗舰办公文房文创　　　　　你好历史—天猫旗舰"国家宝藏"文创

二、形式的拓展

内涵的延伸是形式拓展的基础，形式拓展是内涵延伸的媒介、二者互为表里。长城文化创意产业的发展不仅需要内涵的延伸，同样需要以文化为基础，以市场为背景，与多元产业融合，通过形式的拓展，实现长城文创产业的落地生根开花结果。

案例一：MFA 美术博物馆

由上海品伽文化传播有限公司运营管理，主打以波士顿美术博物馆文化为基础开发的一系列创意文创礼品。波士顿美术博物馆是世界上藏品十分广泛和全面的博物馆之一，从古埃及文明到印象派大师，再到交互的当代艺术，包罗了世界六大洲、人类八千年历史文明的创意结晶。而依托于该博物馆开发的文创礼品精致美观、充满艺术气息，让用户体验年轻心态的艺术生活。

MFA美术博物馆旗舰店—天猫首页首图

MFA美术博物馆旗舰店—天猫首页特色文创品"月兔系列"

案例二：中国国家博物馆（文创）

中国国家博物馆（文创）隶属于国博（北京）文化产业发展中心，是中国国家博物馆依托 140 万余件馆藏文物资源打造的文创品牌，目前已经开发 2000 余款文创产品，并保持着平均每年 200 款的上新速度。国博文创一直致力于将传统文化通过当代设计重新展现在大众面前，让大众更轻松地感受到文创产品背后承载的深邃文化价值与内涵。

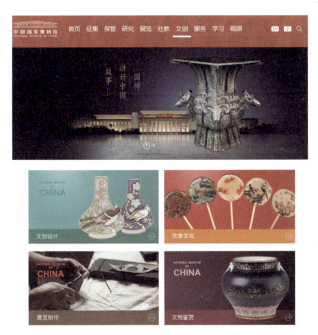

中国国家博物馆网站"文创"页[1]

文创—中国国家博物馆京东自营旗舰店

1. 文创—中国国家博物馆官方网站（chnmuseum.cn）. https://www.chnmuseum.cn/wc/.

三、融入生活

　　艺术的生命在于生活。长城文创内涵与形式的落地需要融入日常生活场景。而这种融入的方式，即是文创创意所在。

　　中国国际进口博览会及国家故宫博物院（文创）相对而言，从文化资源开发、转化等方面，相对比较成熟，尤其对市场的关注，与生活的契合方面做过很多努力与尝试，值得长城文创借鉴。

案例：故宫博物院（文创）

　　故宫文创隶属于北京故宫文化传播有限公司，是故宫博物院充分利用"故宫大IP"，设计出的富有创意和特色的周边产品，并在细节上独具匠心，将故宫传统的文化元素植入现代时尚的工艺品中，不仅时髦可爱、讨人喜爱，而且赋予故宫藏品所蕴含的文化价值。目前故宫博物院已在各大电商平台开设了文创馆，上架的文创产品都深受消费者的青睐。

故宫博物院官网—文创

故宫博物院官网—文创—紫禁服饰　　　　故宫博物院官网—文创—宫囍龙凤呈祥

四、数字化转化

新媒体时期，数字转化是文创产业发展的重要路径。很多文创产业的数字转化不仅限于线上，也不限于领域本身，而是与线下旅游结合，与多元文化产业融合，形成联动的趋势。

案例一：嘉峪关长城文创数字转化

嘉峪关长城文创数字转化经验值得辽宁长城文化产业借鉴。嘉峪关长城素有"天下第一雄关"之称，与山海关"天下第一关"遥相呼应。几年来，嘉峪关在长城数字保护与利用方面成果显著。

首先，利用政策红利，推进数字保护。嘉峪关加强与国家、省级相关部门的沟通，积极争取政策、资金和项目。推进"数字长城"项目，做好嘉峪关全境长城资源数字化采集存储和展示利用。坚持"保护为主、抢救第一、合理利用、加强管理"的方针挖掘长城文化资源，以关城文物景区为龙头，积极申请创建全国文物保护利用示范区，打造世界级长城文化体验基地。

其次，依托长城资源，大力发展文旅结合服务业。优化提升交通服务，推进房车露营地建设，打造全域、全季、全线长城文化旅游品牌和示范区。规划建设一批长城文化主题驿站、影视城、酒店等。利用好戈壁大峡谷等旅游资源，开展长城文创情景体验等活动，精心谋划一批高品位的长城文化、绿色生态、民俗旅游项目。

再次，深挖多元文化，融合开发长城文创服务。深入推进市场化运作，积极推动《天下雄关》等剧目的开演。推进与文旅集团的合作，加快"嘉有好礼"等文创产品的研发、生产、销售。依托长城文化，打造研学基地，推出"我到嘉峪关修长城"等系列研学、游学产品。[1]

辽宁长城文创产业在数字化转化方面，也在一定程度上表现出利用政策，依托资源，深挖多元文化，融合开发长城文创服务。主要体现在依托长城文博院馆，以及新建的展览馆，讲好长城故事。

未来在展陈设计元素中可多考虑互动体验环节的设计。在叙事性上，坚持逻辑与趣味的结合；在艺术性上，坚持艺术与历史文化的交融（以博物馆为场景开发长城历史剧本杀）；在科技性上，使用最新的数字长城技术，实现寓教于乐、虚实结合的长城文化体验。在遵循博物馆管理需要的基础上，设置一定的拍照区域和文化小品，适应"人人都是自媒体"特别是促进长城文化传播的需要，使博物馆成为顶流文化打卡胜地，将长城文化博物馆打造成为长城精神、长城文化、长城沿线非物质文化遗产等特色资源的集中展示平台，长城学的研究基地。逐步形成长城红色故事（长城抗战的爱国精神）、长城绿色故事（绿水青山的时代精神）和长城蓝色故事（滨海长城的开拓精神）的故事体系，讲活辽宁长城故事。

案例二：云游敦煌（敦煌文化虚拟为主的文创）

云游敦煌，是由敦煌研究院、人民日报新媒体、腾讯联合推出的，首个拥有丰

1. 吕东珂，张晓飞. 辽宁长城多元化文旅发展路径研究——以长城国家文化公园建设为契机 [J]. 辽宁经济，2022-12-20.

富的敦煌石窟艺术欣赏体验的微信、QQ 小程序。据"云游敦煌"小程序负责人介绍，自 2020 年 2 月 20 日上线以来，最受欢迎的产品板块为"今日画语"，用户每天打开小程序，都能自动获得一张以敦煌壁画为背景的日历，上面注有壁画绘制朝代、洞窟编号等信息，社交分享的频次很高。从用户在社交媒体上的转评和留言看，向往敦煌之美和肯定小程序体验，是最主要的两类。敦煌壁画的生动与唯美，古老箴言带来的慰藉与智慧，让用户与敦煌文化高效连接，也对敦煌文化心生向往。

2020 年 3 月 3 日，敦煌研究院与人民日报新媒体、腾讯联合推出的"云游敦煌"小程序继上线微信之后，又正式在 QQ 上线，成为登陆两大国民级社交平台的文博数字化代表作。用户在微信和 QQ 页面顶部搜索栏查找"云游敦煌"，或扫描相应的小程序码，就能直接进入小程序。据统计，"云游敦煌"微信小程序上线 10 日内，总访问量已经超过 500 万，独立访问用户累计超过 100 万人，其中，"八〇

"云游敦煌"微信程序"首页"　　　　"云游敦煌"微信程序"探索"页

后""九〇后"占比超过六成。

"云游敦煌"小程序也汇聚了敦煌研究院与腾讯此前合作推出的多个现象级文化创意项目。例如，用户参与"为壁画填色"游戏，不仅了解壁画知识，还可以选择资助特定洞窟壁画修复；结合藻井图案元素，用户可以线上DIY专属的"敦煌诗巾"，还能下单定制并购买，这一创意项目此前上线时，一个月内就有300万用户参与，DIY近25万件作品。不仅提供线上体验，"云游敦煌"小程序还整合了智慧景区导览等线下服务，为游客前往景区游览时，提供线上线下一体的创新服务。"云游敦煌"打通线上线下服务，以文促旅，以旅彰文，是探索"智慧文旅"的一次有益尝试。

"云游敦煌"微信程序"新文创"

五、保护与开发并重

文化古迹的保护永远在开发之前。保护比开发更加重要。数字新媒体时期，在对古迹文化的开发同时，可以通过数字转化实现保护与开发并重。长城文化同样存在需要持有保护与开发并重的思维。在这方面敦煌研究院文创实践尤其值得我们学习借鉴。

案例：敦煌研究院（实体文创）

由敦煌兰德坊艺术品有限公司运营管理，主打以敦煌文化为基础开发的一系列创意文具、居家用品、服饰、礼品等文创产品。敦煌文化遗产的稀缺性及其艺术价值，使其成为文化创意的源头活水，它们被挖掘、改造运用到文创产品中，与人们共享敦煌的文化盛宴，深受广大消费者的喜爱。

以上两图敦煌研究院公众号"云游敦煌"小程序中"新文创"

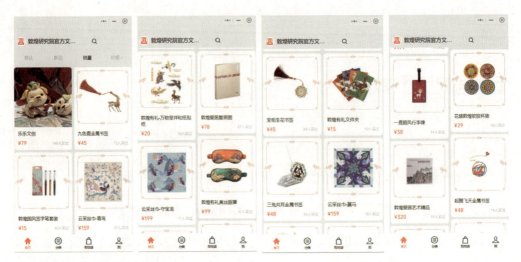

"敦煌研究院官方文创馆"首页

2017 年以来，敦煌研究院以弘扬敦煌文化、讲好"中华故事"、助力"一带一路"建设为目标，以品牌价值建设为途径，形成了独具特色的文创产业体系。截至 2017 年底，取得注册商标 108 个，其他知识产权 30 项，全年文创产品销售额 1708.3 万元，取得社会效益、经济效益双丰收。

敦煌研究院自 2016 年被确定为全国首批文化文物单位文化创意产品开发试点单位以来，全面落实《国务院办公厅转发文化部等部门关于推动文化文物单位文化创意产品开发若干意见的通知》规定的七项任务和甘肃省《实施意见》中细化的八个方面的工作安排，以故宫博物院对口帮扶为契机，探索建立多元文化创意产品开发模式，持续推进文化创意体验系统建设，拓宽了文创产品开发的广度和深度，实现了多元化发展。

一是敦煌学研究为文创品牌和价值阐释提供了核心保障。2017 年，举办以"敦煌论坛""莫高讲堂""敦煌文化驿站"为品牌的学术论坛、讲座 10 场，创建"敦煌研究学术文库""丝绸之路与敦煌名著译丛""丝绸之路与敦煌文化丛书"等出版物品牌，《敦煌研究》期刊荣获"中国最美期刊"称号和甘肃省首届"十佳社科期刊"称号，承担省部级以上科研课题 90 余项。

二是国内外交流合作为文创产品提供了广阔空间。先后组织参与"敦煌艺术走进联合国展览""第八届海峡两岸文创展""台中科技博物馆敦煌大展""美国拉斯维加斯国际品牌授权展"等展览 10 余次，并在北京大学、中央美术学院、成都师范大学、北京中关村中学、北京第 15 中学进行敦煌文化艺术价值与文创产品专题学术讲座，集中展示和宣传了文创价值阐释与文创体验系统成就。与湖南御泥坊化妆品有限公司、甘肃盛达集团、国泰航空、阿里巴巴旗下运营的阿里鱼平台、深圳大学等多家企业、机构签订敦煌文创产品的开发和授权协议。

三是数字化技术为文创产品开发插上了科技的翅膀。"数字敦煌"资源库 30 个洞窟整窟高清图像成功上线，实现全球共享。完成 150 个洞窟的高保真壁画数字化采集、120 个洞窟的结构扫描、60 个洞窟的整窟高保真数字化图像处理及 110 个 360° 虚拟漫游全景节目。完成《舍身饲虎》《降魔成道》两部影片，使大众获得了全新体验效果。

四是体验项目有效助力文创品牌建设。完成文创品牌系统的基础建设、价值阐释与文创体验建设，设计了"如是敦煌""念念敦煌""星空下阐释敦煌"等价值阐释、对外授权合作、公共文化活动的文创品牌系统。在海内外多场展览中举办"指尖上的敦煌——丝路生活美学手作体验"活动，在中国台湾法鼓山开展的"如是敦煌　情系法鼓"文创体验项目，赢得广泛赞誉。《降魔成道》正式发行，被誉为"动起来的敦煌壁画"。

五是网络搭建了文创产品营销新平台。建立"敦煌研究院""莫高窟""敦煌研究院文化创意研究中心"等微信公众号，"莫高窟"官方微博，开发"莫高窟导览二维码""敦煌小冰"智能聊天系统，网站、微博年访问量近 2000 万次。制作年历、月历、节日和节气贺卡等多媒体产品。电子商务、物联网等技术的运用为文创产品的传播、营销提供了便捷渠道。[1]

---

1. 朱军科. 敦煌研究院文创产业多元开花（ncha.gov.cn）. http://www.ncha.gov.cn/art/2018/3/12/art_723_147645.html.

六、多元联动 文旅协同

辽宁可以以区域联动为纽带，实现京津冀辽长城文旅协同发展。京津冀辽长城资源非常丰富，拥有高规格的建筑类型和精湛的建筑艺术，是明代长城的精华所在，其中八达岭长城沿线已经开展旅游多年，拥有成熟的长城旅游运营经验。依托长城国家文化公园建设，辽宁应加强与京津冀长城文化旅游协同。以长城资源本体的线性特点突破行政区域限制，开展跨区域协同。

充分整合京津冀的明长城资源、辽宁葫芦岛的海防长城资源，构建起长城文化带，推出参观游览联程，联运经典线路，沿着朝代发展的脉络追寻长城文化的根与魂。同时科学规划长城文化旅游产品，在长城周边以塞上风光为特色发展长城文化视频平台，讲清楚、讲好长城故事。

以长城沿线关堡、卫城、村寨为基础开展乡村旅游。提炼总结北京八达岭长城、金山岭长城和古北口长城开展乡村休闲度假旅游的模式，应用于辽宁省长城旅游的开发，整体品牌塑造和营销推介。

以长城宿集为业态激活长城文旅资源，开发文旅融合工程。民宿集群（简称"宿集"）是指在特定区域内，由竞争与合作关系的民宿及民宿上下游服务产业链接，在地理上集聚而形成的群落，这种群落往往有着广泛的影响力和强大的资源整合力量，能够吸引更多自然属性客流。

虎山长城是明长城最东端，绥中九门口长城资源禀赋优良，长城文化品牌都是世界级的。我们要紧紧围绕辽宁长城的两段，打造长城特色景观和戍边卫后裔文化相结合的旅游综合体。深入挖掘长城、历史、军事、民俗等特色文化底蕴，引入国内知名民宿品牌打造长城文化宿集。从而推动集群快速成长。建议发改委、住建局和文旅厅组成联合工作组，调研可行性，组织论证和招商，届时长城宿集形成叠加吸引力，促进辽宁省长城文旅经济快速发展。[1]

案例一：三星堆博物馆（文创）

由广汉市三星堆文旅发展有限公司运营管理，主打以三星堆文物和文化为基础开发的一系列潮流饰品、办公文具、家居好物等文创产品。三星堆文物是宝贵的人类文化遗产，在中国浩如烟海蔚为壮观的文物群体中，属最具历史科学文化艺术价值和最富观赏性的文物群体之一。而三星堆博物馆（文创）就是以更贴近生活的产品向人们展示这段鲜有人知的神秘历史。

三星堆博物馆—文创页各式文创书签之一[2]

1. 吕东珂，张晓飞. 辽宁长城多元化文旅发展路径研究——以长城国家文化公园建设为契机 [J]. 辽宁经济，2022-12-20.

2. 文创—三星堆博物馆（sxd.cn）. https://www.sxd.cn/#/originality.

三星堆博物馆—文创页各式文创书签之二 [1]

1. 文创—三星堆博物馆（sxd.cn）. https://www.sxd.cn/#/originality

236

辽宁长城文创的实践与创新

文创—三星堆博物馆

2023 年 3 月 1 日，四川省文物考古研究院与腾讯 SSV 数字文化实验室顺利签约，正式启动项目合作，双方以社会价值共创共益为原则，围绕文物考古行业普遍存在的文物修复与考古绘图方面的共性难点，以三星堆为试点，尝试通过人机协同 AI 智能的方式辅助文物修复工作。[1]

据了解，三星堆博物馆文创产业起步于 1997 年建馆伊始，截至目前，已开发 700 余个品类产品，覆盖青铜器复仿制品、服装首饰、书籍文具、办公礼品、生活用品等，2021 年实现销售收入 3000 余万元。

1. 当考古遇上 AI 会如何？三星堆探索人机协同智能文物修复（2023-03-01）．https://baijiahao.baidu.com/s?id=1759158567928017310&wfr=spider&for=pc.

近年来，三星堆博物馆以三星堆文明为核心，通过大众喜闻乐见的形式，让观众在电视、荧幕前跟随主角的步伐，进行一场奇妙的博物馆之旅。

纪录片《又见三星堆》全景式追踪三星堆遗址发掘过程中的亮点和奥秘，运用新摄影技术手段、三维动画，呈现当代考古的成果。8K 纪录片《身临其境！带你走进三星堆》以震撼视觉呈现三星堆文物。

目前，三星堆博物馆出版了三星堆题材小说《蜀帝传奇》《蜀山云无月》；推出了"'古蜀萌娃'狂飙四川话"系列表情包；形成了一批包括《金色面具》、3D 动画《荣耀觉醒》等具有影响力的作品；电影《三星堆》《金色面具》等 4 部作品也在积极筹备中。

除此之外，三星堆文化创意产业也注重结合地域文化，文创融入年画技法。德阳发展集团所属德阳文旅大健康集团旗下《三星堆·荣耀觉醒》IP 携手绵竹年画三彩画坊，以三星堆、大熊猫、德阳地方特色等为元素，结合年画创作技法、创新理念，通过区块链技术去努力创作。

绵竹年画又称绵竹木版年画，产于四川省绵竹市，历史悠久，与天津杨柳青年画、山东潍坊年画、苏州桃花坞年画被誉为中国四大年画，素有"四川三宝"之美誉。作为西南地区民间艺术的瑰宝，《三星堆·荣耀觉醒》动画连续剧中曾多次出现绵竹年画。2022 年 5 月，德阳文旅大健康集团联合黑糖网络科技公司推出绵竹年画数字藏品，探索"元宇宙 + 非遗 + 商业"的创新模式，在元宇宙中使用区块链技术为"非遗"赋能，带动绵竹年画文创衍生品市场，让元宇宙真正落到实处，为线下实业提供更为广阔的发展空间。

另外，文旅产业融合发展，打造品牌壁垒是三星堆文创在当下大众化发展的必由之路。2022 年 9 月 27 日上午，三星堆文化旅游发展区策规划全球征集新闻发布会在广汉三星堆博物馆举行，德阳共计投入 1400 万元，面向全球征集三星堆文化旅游发展区策划规划方案，打造世界著名文化旅游目的地。10 月 10 日，三星堆博物馆新馆和游客中心（新馆）概念设计方案面向全球开启征集。最终，来自中建西南设计院刘艺团队原创设计作品脱颖而出，成功入选。作品在"显"与"隐"、"新"与"旧"、"分"与"合"之间，寻找巧妙的平衡点，以恰当的姿态回应园区复杂的建筑现状和历史文脉。

近年来，三星堆考古捷报频传，每一次阶段性进展，都能吸引世人目光，成为当仁不让的考古界"顶流"。三星堆考古新发现的众多前所未见的器物，为探源古蜀文明提供了绝佳的研究素材。

历史需要延续和传承，文明需要挖掘和创新。下一步，三星堆博物馆将加强知识产权体系的建设和管理，完善品牌授权体系，提升产品的质量，形成三星堆品牌壁垒。

同时，三星堆博物馆将充分利用国家文化产业示范基地——三星堆文化产业园，深化与"九寨沟""大熊猫"协作共建，充分利用"大遗址"文旅发展联盟平台，推进有实质性大文旅项目落地落实，打造"旅游＋文化＋商业＋服务＋健康"产业模式，将三星堆文化遗产保护与展示、文创、文旅、现代服务业等相结合，打造具有国际视野的遗产保护利用示范区与世界级的文化旅游高地[1]。

案例二：西安大唐不夜城：创新文旅融合新模式

大唐不夜城步行街位于陕西省西安市曲江新区，北起大雁塔北广场，南至唐城墙遗址公园，中轴分布大唐佛文化、大唐群英谱、贞观之治、武后行从、开元盛世五组文化雕塑群，两侧布局大型购物中心与文化艺术展区，这条约2000米的街区，重现了盛唐景象。

近年来，随着西安市"夜光经济""西安年·最中国"等文化IP的打造，西安大唐不夜城在网络上爆红，出现了"不倒翁小姐姐""石头人""敦煌飞天"等现象级文化IP，抖音上"不倒翁小姐姐"相关视频播放量超23亿次。

1. 四川德阳："文旅＋"融合培育 激活三星堆品牌新活力（2022-11-08）. https://baijiahao.baidu.com/s?id=1748927997596344991&wfr=spider&for=pc.

2019 年春节活动期间，大唐不夜城步行街共接待市民游客近 1700 万人次，元宵节当日客流突破 80 万人次。西安大唐不夜城步行街一跃成为中国最具人气的夜游产品。

西安大唐不夜城步行街工作人员张豪介绍，西安大唐不夜城步行街于 2009 年 9 月开街，构建"一轴、两市、三核、四区、五内街"的街区整体格局，开启文化、旅游、商业的融合发展之路。2018 年，大唐不夜城对标国家 AAAAA 级旅游景区标准，对街区硬件建设和基础设施配套全面改造升级，焕新后的大唐不夜城步行街集中展现盛唐文化风貌，功能更加完善。

大唐不夜城步行街两侧以唐文化 IP 为主的特色小店数不胜数，吸引着大量游客。沿街大到商铺小到灯柱、卷轴式长椅等，随处可见盛唐文化元素，公共设施均统一为唐代风格，在夜晚绚丽的灯光下，不时有身穿汉服的袅娜身影经过，行走其间似乎"穿越"回盛世大唐。

与此同时，街区引入现代文化，通过声光电等高科技手段渲染场景，吸引游客聚集，一条别具特色的"钢琴路"，一场即兴演出，满足了游客的新鲜感，带给人们沉浸式的文旅互动体验。

在文旅融合方面，特色演出贯穿整个大唐不夜城街区，《再回大雁塔》《再回长安》等节目将街区的美食、建筑、演出、文创、科技融入到整个盛唐文化氛围中。街区在保护甚至还原盛唐文化原生态韵味的同时，不断加强文化创新，推出了"象棋对弈""秦腔提线木偶"等行为艺术表演，跟游客产生更多互动，提高旅游品质。

作为商务部授予的全国首批示范步行街改造提升试点之一，西安大唐不夜城以文旅商深度融合为导向，打造出唐文化浓厚的现代时尚街区，既能体验到传统非遗、百年老字号，也有剧院、音乐厅、美术馆等现代文化场馆，融汇古今，成为融合文化、艺术、娱乐、体验为一体的大型城市综合体和文化商业新地标。[1]

1. 刘彬. 西安大唐不夜城：创新文旅融合打造城市地标. https://baijiahao.baidu.com/s?id=1711848865743164119&wfr=spider&for=pc.

第八章

中华优秀传统文化对辽宁长城文创的滋养

习近平总书记多次强调:"文化是一个国家、一个民族的灵魂,是支撑国家和民族生存发展的重要精神力量。中华民族在五千多年连绵不断的发展历程中,创造和积淀出源远流长的中华文化和博大精深的中华文明。……时至今天,中华优秀传统文化仍是中国人日常生活的重要组成部分,丰富人们的生活,滋养人们的精神。中华优秀传统文化中蕴含的思想观念、人文精神、道德规范等,依然深刻影响着中国人的思考方式和行为习惯。特别是我们文化中的家国情怀、奋斗精神等,始终激励着一代代中华儿女为建设更富强的国家、实现更美好的生活而接续奋斗、迎难而上。"号召我们"要挖掘中华优秀传统文化的思想观念、人文精神、道德规范,把艺术创造力和中华文化价值融合起来,把中华美学精神和当代审美追求结合起来,激活中华文化生命力"[1]。

辽宁长城文化受中华优秀传统文化的深厚文化精神的滋养。形成了"忠""仁""勇""归"的中华优秀传统文化之道。

一、辽宁长城文化折射出的中华优秀传统文化精神

(一)为人谋而不忠乎

辽宁长城文化的精神内核之一便是忠孝情怀。这种忠孝情怀在辽宁长城文化中表达为厚重的家国情怀。一代代辛勤筑城墙的劳动人民,一位位赤胆忠心的守城将士,都向后人展示了长城文化,尤其是生发于北方的辽宁长城文化之家国文化情怀。

《论语》十二章提到,曾子曰:"吾日三省吾身:为人谋而不忠乎?与朋友交而不信乎?传不习乎?"中国优秀传统儒家文化提倡"仁义礼智信忠孝悌节恕勇让"。

1.【每日一习话】挖掘中华优秀传统文化的思想观念、人文精神、道德规范 _ 央广网.(2023-06-06).[2023-6-15]. https://news.cnr.cn/dj/sz/20230606/t20230606_526277610.shtml.

其中以"仁孝"为根本，"仁孝"的表现为"义礼智信忠悌"之德行。《左传·文公元年》说："忠，德之正也。"对国家的忠诚包含着对人民的仁爱。

孟子曰："天下之本在国，国之本在家，家之本在身。"在《孟子·离娄上》写道，孟子曰："人有恒言，皆曰：'天下国家。'天下之本在国，国之本在家，家之本在身。"释义为孟子说："人们有句老话，都说：天下、国、家。天下的根本在国，国的根本在家，家的根本在自己身上。"即家的前途命运同国家和民族的前途命运紧密相连。一个人德行的成长培养，家庭是最基础的土壤。一个国家、一个民族德行的成长，家庭是最基本的"细胞"。

《论语·学而》中讲："其为人也孝悌，而好犯上者，鲜矣；不好犯上，而好作乱者，未之有也。"引申言之，好的家教之风能够孕育出好人，好人必然是社会秩序的促进力量。好的家风不但具有极其重要的社会意义，而且具有极其重要的政治意义。

家道中蕴含着治国理政的道理，广义的政治活动包含并延伸了家道。古往今来，无数先贤秉持"家齐而后国治，正己始可修身"的信念，心怀"苟利国家生死以，岂因祸福避趋之"的家国情怀，自觉地把个人、家庭的命运与国家和民族的命运紧密相连，谱写出一曲曲动人的不朽诗篇。

历史和现实都一再表明："源头正，则国正。"《左传·昭公元年》的"临患不忘国，忠也"。《礼记·儒行》的"苟利国家，不求富贵"。都在以忠孝的精神感召后人，形成了辽宁长城文化的精神内核之一。

（二）天下兴亡，匹夫有责

辽宁长城文化的精神内核之二便是"天下兴亡，匹夫有责"的个人与国家理念。"天下兴亡、匹夫有责"源自顾炎武的《日知录·正始》中"保天下者，匹夫之贱与有责焉耳矣"一句，后被梁启超精炼为"天下兴亡，匹夫有责"。这句话说的是，国家的振兴或衰亡，每一个普通人都负有责任。一代代中华儿女向世界展示了"天下兴亡，匹夫有责"的爱国情怀，视死如归、宁死不屈的民族气节，不畏强暴、血战到底的英雄气概，百折不挠、坚忍不拔的必胜信念。

在曹植《白马篇》中也提到"捐躯赴国难，视死忽如归"。陆游《病起书怀》中表达了"位卑未敢忘忧国"的家国情感。范仲淹《岳阳楼记》中也表达了"先天下之忧而忧，后天下之乐而乐"个人对天下的仁爱情怀。

辽宁长城形成历史中，有太多的英雄人物书写着守家卫国的惊天地泣鬼神的故事。表达了中国人自古的家国情怀。在国家利益面前，个人即使"位卑未敢忘忧国"，保家卫国的历史上，表现出"天下兴亡，匹夫有责"的中华优秀传统文化精神。因此，辽宁长城文化中中华儿女看待"匹夫与国家间的关系"，是对中华优秀传统文化的传承。

（三）留取丹心照汗青

辽宁长城文化的精神内核之三便是"留取丹心照汗青"的生命价值的思想表达。"留取丹心照汗青"是指留取这颗赤胆忠心，永远在史册中放光。出自于宋朝文天祥的《过零丁洋》："人生自古谁无死，留取丹心照汗青。"

人最宝贵的无过于生命，而生命的意义是人类自古以来一直思考的问题。中华优秀传统文化中，将以真诚的赤胆忠心去为国家人民付出视为生命的最高价值。

同样地，陆游《示儿》中也表达了"王师北定中原日，家祭无忘告乃翁"。《宋史·岳飞列传》中也表达了岳飞"精忠报国"的伟大的生命理念与情怀。因此，辽宁长城文化体现的将士视死如归的精神正是中华优秀传统文化的体现。

二、中华优秀传统文化中的人文精神

习近平总书记 2018 年 8 月在全国宣传思想工作会议上的讲话中指出"中华优秀传统文化是中华民族的文化根脉，其蕴含的思想观念、人文精神、道德规范，不仅是我们中国人思想和精神的内核，对解决人类问题也有重要价值。要把优秀传统文化的精神标识提炼出来、展示出来，把优秀传统文化中具有当代价值、世界意义的文化精髓提炼出来、展示出来"[1]。中华优秀传统文化中的人文精神博大精深，是中国长城文创产业汲取不竭的宝库。

（一）儒家：仁孝为美

"五常"伦理中"仁孝"至上。"仁"是儒家思想体系中的最高范畴和核心理念，包括对己和对人两方面内容，所谓"躬自厚而薄责于人"。对己主要是克己，严格要求自己，加强道德修养，以求达到仁的境界；对人主要是爱人，泛爱众而亲仁，己欲立而立人、己欲达而达人。每个人无论出身如何，都应不断修身，以臻于至善之境。

儒家经典《大学》中写道："大学之道，在明明德，在亲民，在止于至善。""明明德"，就是弘扬光明正大的品德；"亲民"包括"新民"，教人去恶从善、弃旧图新。由个人、家庭而国家与天下，由爱亲人、爱他人到爱国家与天下，将家庭、社会和国家融为一体，天下情怀与爱国主义并行不悖、相得益彰。

仁义礼智信、温良恭俭让、公宽信敏惠，其中体现的思想精华、优良品格，需

1. 人民日报新知新觉：从优秀传统文化中汲取人文精神养分—观点—人民网（people.com.cn）. http://opinion.people.com.cn/n1/2018/0913/c1003-30289752.html.

要我们结合时代要求进行创造性转化、创新性发展，自觉用于提升人格境界和道德修养。

（二）道家：修心为美

道家强调"无为而治"，修心即是治国，天人合一的境界。这也道中了中华人文精神的伟大之处，还在于它将人、社会与宇宙自然看作一个鲜活的生命整体。

"亲亲而仁民，仁民而爱物"，孟子将仁从亲人之爱推及人类之爱，由人类之爱旁通万物之爱。庄子认为，世间所有生命同源同种，不存在本质上的不同。这与西方主客观对立的自然观明显不同，被称为"有机自然观"或"有机宇宙观"。它尊重生命、敬畏自然，认为人与自然应当和谐相处，强调人应当效法天地、欣赏万物。[1]

老子倡导政治要树立为民奉献的政策德相。他提出了"生而不有，为而不恃，长而不宰，是谓玄德"。要求人不能自私自利，不能居功骄傲，不能主宰群众，做到了这些就是具有最高尚的品德。

老子强调为政者要加强自身修养。加强修养第一要义是要净化自己的灵魂，纯净自己的思想。"涤除玄览，能无疵乎。"强调的是人要加强思想修养，注意主观世界的改造，经常洗涤心灵，革除思想上的私心杂念，保持心灵的纯洁与干净。"其脆易泮，其微易散。"[2]

（三）释家：慈悲为美

释家以慈悲为本，将"慈悲"与"无我"看成是治国最高理念。以"无我"的智慧观照世间，同时以入世的情怀发大慈悲之菩提之心。

儒释道最终都是指向人的精神境界，这是它们的共同点，也是它们可以互补的

1. 人民日报新知新觉：从优秀传统文化中汲取人文精神养分—观点—人民网（people.com.cn）. http://opinion.people.com.cn/n1/2018/0913/c1003-30289752.html.
2. 挖掘《道德经》的廉政文化内涵—反腐倡廉—人民网（2014-01-26）. http://fanfu.people.com.cn/n/2014/0126/c64371-24233437.html.

前提。不同的是儒家主张在最高精神境界的指导下，在现实中有为，通过现实中的有为来证明自己的人格境界，最终实现人类大同；道家主张在现实中无为，其实这里的无为不是什么都不做，而是只做合理的事情，不做不合理的事情，减少战争和苛政，最终达到顺乎人情人性的自然而然的"逍遥"境界；释家认为世界的本体是空的，纷纭万象不过是缘起缘灭，人的最高境界是体悟世界本体的空（因缘而生果报为表），最终以脱离因果轮回为目标境界。儒释道三家思想的共同因素在于都反对战争、暴政，都主张建立合理、自然的政治和社会，都主张人的发展和提升，并以最高的精神境界为归宿。这也是未来人类发展的不竭的文化动力。[1]

儒释道三家的核心思想都将为长城文化创意产业提供不竭之源。将这些精神之美融入到创意中，流淌到生活中，将使长城文创焕发无限生机。

文创的发展需要将优秀传统文化元素融入大众中，尤其是青年群体。近日，中国青年报社社会调查中心联合问卷网（wenjuan.com），对2006名青年进行的一项调查显示，融入传统文化（64.5%）、制作工艺精良（61.3%）的文创产品对年轻人更有吸引力。艺术品（57.0%）、日用品（55.8%）和服饰（52.3%）是受访青年比较感兴趣的文创类型。[2]

随着文创的发展，文化宣传的方式越来越为年轻人所接受，很多网友说"像甘肃省博物馆'马踏飞燕'系列文创作品，让年轻人了解了这件文物背后的故事、美学元素，提高了年轻人对相关历史文化的了解"。

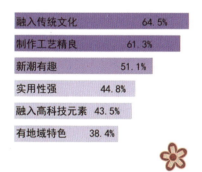

中国青年报社社会调查中心联合问卷

1. 议政：从传统文化中汲取前进力量—理论—人民网（people.com.cn）. http://theory.people.com.cn/n/2014/1203/c40531-26137124.html.
2. 融入传统文化的文创最吸引年轻人（baidu.com）. https://baijiahao.baidu.com/s?id=1747805164620611478&wfr=spider&for=pc.

有的年轻人认为，"有些博物馆的藏品，原本是比较严肃的，如果能在保持其内涵的基础上，结合时下人们的审美进行创意设计，那么这样的文创产品会收获更多年轻人的喜爱"。他们希望看到更多兼具文化性与创意性的文创产品。

当下年轻人喜欢的非遗文化、国潮、国风，在文创形成的文化潮流趋势下，正在以时尚文化的形式走进生活。它们包含了丰富复杂的因子：中国文化、中国艺术、中国美学、中国精神、中国智慧，而非遗文化、传统文化等，为国潮、国风提供了丰富的文创素材、题材、形象、形式、符号和理念，并最终成为文创产品的来源、基础。

年轻人通过某种契合生活的中华优秀传统文化表达形式，一定程度上契入中华优秀传统文化的精神领域。因此，要使传统保持生命力，拉近与我们当代人的情感距离，就需要富有创造性的文化形式来复活、来表现，文创就是这样使年轻人与"传统"更加亲近，成为我们回归历史、回归传统的一种方式。[1]

1. 文创让年轻人与"传统"更加亲近—中华读书报—光明网（gmw.cn）. https://epaper.gmw.cn/zhdsb/html/2022-11/09/nw.D110000zhdsb_20221109_3-08.htm

第九章 红色文创对辽宁长城文创内涵的创新

红色文创产品是当今文创产品领域的一种独特形式，具有鲜明的时代特征、价值功能与政治诉求。红色文创产品突出"红色"特性，结合现代设计语言，用灵活多样的物质载体讲述内涵丰富的"红色故事"，实现了历史语境与历史形象的还原再现，不仅是红色历史与艺术语言的融合体现，也是引导和教育民众的有益艺术形式。

红色题材纪念品早已有之，早期多以旅游商品的形式出现，一般是简单的挂件、纪念币、书刊等形式。在建党百年的庆祝热潮中，红色文化越来越深入人心，许多表现革命历史题材的影视剧受到年轻人的喜爱，带动了红色文创产品的热度。中国国家博物馆的"新青年""社会主义核心价值观"系列、中共一大纪念馆的"树德里"系列、毛泽东故居纪念馆的"奋斗少年"系列、南昌八一起义纪念馆的"军旗升起""军事纪要"系列……旅游景区、博物馆、纪念馆等结合自身特色推出的文创产品，不仅具有浓浓的革命历史气息，而且新颖有趣、精美别致，使得红色文创从"高冷范儿"变成了兼具"质量"和"流量"的新鲜潮品。

打造好的红色文创产品，要从百余年党史中汲取智慧源泉，激发红色灵感，创造出集实用性、互动性、传播性为一体的优秀作品。[1]

一、辽宁红色文化精神对优秀长城文化精神的传承与创新

（一）地理的部分重合

辽宁红色六地所处的地理，有一大部分与长城遗址重合。辽宁红色六地是指历史文化意义上的六地，分别为抗日战争起始地、解放战争转折地、新中国国歌素材地、抗美援朝出征地、共和国工业奠基地、雷锋精神发祥地。这六地所处的地理位

1. 文创设计助力红色文化传承—文旅·体育—人民网（people.com.cn）．http://ent.people.com.cn/n1/2021/1107/c1012-32275609.html.

置，有一大部分与现长城遗址重合。

虽然辽宁长城跨度上涉及辽宁大部分城市，但保存下来的遗址所在的城市基本都有红色文化起源的痕迹。在年代上，长城辽宁段现存战国（燕）、秦、汉、辽、明5个不同时期的长城遗存，具有建造年代早、防御责任重等特点。在跨度上，长城辽宁段涉及丹东、本溪、抚顺、铁岭、沈阳、辽阳、鞍山、盘锦、锦州、阜新、朝阳、葫芦岛和大连13个市。[1]红色文化起源的主要地区与现存的几大遗址有着较大程度上的重合。

这既不是偶然的，也非硬性牵扯。主要有两大原因：其一，因为山海变迁在地理上的缓慢，所以历史上的军事要地，大部分会保持要地的特征。因此，长城遗址中的重要关卡也是红色文化集中发展的地方。其二，长城文化中的英勇保家卫国的精神对红色文化有着一定的感召。如前文第一章所述。

一方水土养育一方人。北方人民豪迈的性格，捍卫领土的雄心壮志，都构成了北方特有的文化精神。精神的感召及传承，历史遗址的印证，都在潜移默化地影响着辽宁人民。所以辽宁红色六地文化的产生，并非偶然的。辽宁红色文化是对辽宁长城文化优秀精神的传承与创新发展。

（二）优秀长城文化的传承与创新

上文提到，辽宁红色文化是对优秀的长城文化的传承。红色文化内核与长城文化的效忠国家、勇敢担当、仁义礼信之特征有着一定程度上的传承。更是对中华优秀传统文化的传承。

辽宁红色文化是对长城文化的创新性发展与传承，是新时期党性与人民性相统一的重要体现。因此，如果将长城文化与红色文化融合，与中华优秀传统文化融合，我们的长城文创就找到了历史文化的根源，也找到了时代的创新点。

1. 辽宁推进长城国家文化公园建设（people.com.cn）. http://ln.people.com.cn/n2/2022/0627/c378322-40011820.html.

因此，将红色文化资源融入到优秀的长城文化中来，将家国情怀的现代内涵、意义、价值、方式，依托长城文创进行阐释，即体现出历史的传承，以体现出一种时代的价值与创新。二者将形成相互提升的效果。

二、红色实体文创对辽宁长城文创的启发

（一）DIY 参与式文创　生活与文化体验融合

每一种花对应一个重要革命地点或革命事件，可形成红色文化、创意文化与生活融合的文创作品。上海第二工业大学应用艺术设计学院党建文化设计工作室的学生党员、发展对象、入党积极分子等，在党员教师的指导和带领下，以长征的 13 个重要事件为逻辑脉络，以花卉形态为主要表达方式，开展红色书签的创作，用富有艺术美感的文创产品，生动独特地展现中国共产党的历史与功绩，用创意与灵感永葆红色基因的生机与活力。

其中，映山红对应遵义会议；木兰表示四渡赤水与巧渡金沙江；黄花草代表爬雪山过草地；山丹丹花和延安的意象结合在一起……[1]

在这个文创项目中，学生们确定花卉载体，以长征路线为主逻辑，赋予价值内涵和花的人格化。

以长征中的瑞金站来看，这是吹响长征出发号角的关键节点，同学们将瑞金市花桂花作为设计灵感。一朵桂花并不会芳香浓郁，但是一簇桂花的香味却能洋溢满园。最终，设计中较大面积呈现相簇相拥的桂花，寓意着长征里的团结相拥，也正是能把力量拧成一股绳，团结一致，才凝聚起坚不可摧的战斗堡垒。

周扬帆一共设计了三款书签。红军花是她最早完成设计的一幅作品。飞越岭上

---

1. 00 后设计的长征主题红色花卉文创书签开始打样了（2022-07-14），https://baijiahao.baidu.com/s?id=1738308098787933399&wfr=spider&for=pc.

红军花，山花烂漫"血染红"。周扬帆介绍，在飞越岭之上漫山遍野盛开着红军花，它是红军漫漫征程中的指引，更是不懈信念所幻化成的花曜。红军花又名红五星花，其花语为"相互帮助、相互关怀、爱与自由"。在作品设计中，周扬帆融入了蝴蝶，在她看来，这同样象征了"自由"，同时也代表了红军长征跨越山河，破茧而出的伟大精神。

红色花卉文创书签

　　除此之外，淘宝上也有让消费者参与的各式红色文创。而这些文创多与生活紧密结合。如图中展示的红船灯笼即是面向青少年为主的受众，进行的参与式红色文创作品。消费者可以手动拼装制作，甚至添加修改元素进行个性化创意。使得消费者在 DIY 体验中感知文化符号传播的文化精神。

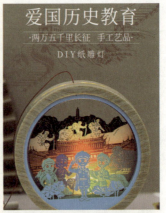

淘宝网展示的各种红色主题的拼装灯笼

（二）将严肃的文化通过卡通的形式轻松展现

红色文化带有一定的庄严性及严肃性。将严肃的文化通过卡通的形式进行轻松展现，推动红色文化的大众化及生活化。例如，在遵义会议会址门口一家名为"贵州娃娃"的手办店里，木制货架上摆放着一个个以红军形象为主的卡通手办，它们或高举火把、或肩抗钢枪、或鼓腮吹号，个个神采飞扬、活灵活现，吸引了不少市民游客进店观赏选购。

"贵州娃娃"手办之一

　　这些卡通手办的创作者名叫韩冰，毕业于贵州民族大学美术专业。北漂数年回到贵州后，他便萌生了做红色文旅产品的念头，而这样的想法与他从小对红军长征文化的耳濡目染密不可分。从小受到的红色文化熏陶，在韩冰心里种下了一颗红色种子，不断激发着他主动了解红色历史、传承红色文化的决心。

　　为了设计出符合红军战士特点的卡通形象，韩冰反复琢磨，一遍遍修改人物草图。经过两年多筹备，2019 年韩冰成功创立"贵州娃娃"品牌，红色手办小店在遵义会议纪念馆周边、青岩古镇景区开张营业，潮流化、年轻化的红色手办一经推出，就大受青睐。2022 年国庆期间，日收益超万元。

　　据了解，根据尺寸大小的不同，"红军"系列手办价格在 29 元至 69 元之间，共有吹号、拿火炬、站军姿等 18 个不同造型。此外，还推出了米酒王、芭沙男子汉、蜡染四姐妹等少数民族系列手办，以及文具、冰箱贴、钥匙扣等文创产品。

"贵州娃娃"手办之二

2021年10月，韩冰代表贵州企业带着30多个"贵州娃娃"手办作品亮相中国国际版权博览会，并通过和上海、延安、张家界的几家文创公司搭建合作关系，"贵州娃娃"已经逐步走入了省外市场。

踌躇慨既往，满志盼将来。韩冰说，他目前正着手筹备在贵阳开一个"贵州娃娃"艺术馆。接下来，还准备将"贵州娃娃"陆续布点在西江、黄果树、赤水等红军长征经过的地方，不断设计推出更多"贵州娃娃"品牌周边产品，更好地传递贵州红色文化、旅游文化、民族文化。

在遵义会议纪念馆周边，还有非物质文化遗产"通草堆画"工艺制作的红色文创产品，以及用红军军粮做成的粗粮食品等，这些一个个活跃于城市肌理当中的"微细胞"，构筑起了红色文化品牌矩阵，不断提升着一个城市的红色文化标识度和影响力。

"红色文化中总是蕴藏着取之不竭的精神力量。"红花岗区老城街道相关负责人说，街道将会以遵义会议会址为圆心，发挥好红色资源禀赋优势，聚力红色共治协商，实施特色小微店铺圆桌会议制度，推动"小店经济"与现代城市发展在理念、管理、服务、体验等方面融合，不断推动红色文旅发展，彰显"红""商"特色，用带得走的红色文化符号助力红色文化传播。[1]

中国风萌系红军系列冰箱贴文创旅游纪念品[2]

淘宝网上试管拼图玩具长征红色文化精神文创纪念礼品[3]

1. "贵州娃娃"：带得走的红色文化符号，（2022-04-20）. https://www.zyhhg.gov.cn/zxzx/zwyw/202204/t20220420_73512959.html.
2. 中国风萌系红军系列冰箱贴宣传红色文化特色文创旅游纪念品—淘宝网. https://item.taobao.com/item.htm?spm=a230r.1.14.57.4dcb62bcUUvMCq&id=645465576692&ns=1&abbucket=20#detail.
3.【小红军】试管拼图玩具长征红色文化精神文创纪念礼品. https://item.taobao.com/item.htm?spm=a230r.1.14.196.4dcb62bcUUvMCq&id=586822799556&ns=1&abbucket=20#detailt=20#detail.

（三）将优秀文化转变成一种时尚融入到衣食住行中

随着以《觉醒年代》《长津湖》等为代表的影视作品走红，红色文创产品也迎来消费热潮。这些文创产品在设计时寻求厚重内核与当代语境的结合点，使用时的"沉浸式体验"推动红色文化的延伸，是年轻人表达生活态度、人生态度的新方式。

如伴随电影《长津湖》的热映，以影片中战士的卡通版形象为原型的文创周边激发了观众的购买热情。《长津湖》周边有价位不同的套餐，包含抱枕、可乐杯、钥匙扣等，非常火爆，有几种产品在影片播出一段时间后较畅销。

印有鲁迅箴言的书签、尺子、笔袋，印有《新青年》封面图案的笔记本、帆布包、T恤衫、冰箱贴，印有北大校徽和革命家们Q版形象的胸针……随着《觉醒年代》掀起观剧热潮，相关文创产品也迅速走红。鲁博书屋负责人董玉铭介绍，加上2023年新设计的数十种文创产品，书店现在在售的文创产品已有百余种。"今夏客流量最大的时候一天有2000多人，是平时的好几倍，以年轻人居多，《新青年》帆布包断货好几次。"文化和旅游部数据中心的调查显示，红色文化在年轻人群中的认知度和影响力正快速提升。

文创还是年轻人表达生活态度的一种新方式。简单诙谐、直戳内心的文创，找到了传统精神内核和时代个性表达的契合点。"凡是不劳动、吃干饭的人，都是强盗"等话语被设计成零食封面，年轻人竞相购买，借此表达乐观、上进的态度。"写不出的时候不要硬写""从来如此，便对么"等名言在漫长的时间洪流中依旧熠熠生辉，语境转换下被赋予了新的时代意义，以此设计成的书签、折扇等，有"梗"又引人深思。

"文创最大的意义还是传承，要让红色文化与普通人日常生活学习相关联，激发人们对那段历史更多的兴趣。"李大钊烈士陵园青春书苑负责人廉斯说，尽管随着时代变迁，文创产品已被赋予了更多的当代内涵，但依旧能激发人们的内心思考。

"好的文创产品应该契合时代、创意新奇、市场认可、导向积极、版权清晰。目前，原创性、引领型、现象级、国际化的设计还不是特别多。"刘徐州说道。对于如何推动文创产业健康发展，他建议，通过更宽松的产业激励政策激活、释放民间的文创生产力，注重人才建设，增强国际视野。

　　廉斯说，人才在文创设计中尤为重要，想要产品更加生动活泼，需要让更多人参与创意，加强互动。对于单一产品市场量不大、售卖环境有制约等导致的成本和售价偏高问题，他认为目前这还是行业难题，理想状态是让文化参与者消费无压力。[1]

长城与天安门融入到一个背景中的红色文创

淘宝网上红色革命文化主题文创产品—爱国爱党手机壳可定制饰品

1. 小铁学党史（第121期）| 红色文创，你关注了吗？.（2021-12-15）.https://m.thepaper.cn/baijiahao_15862917.

党风廉政建设文创纪念品

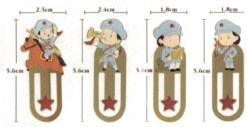

红色革命文化主题文创—爱国爱党小红军兵哥书签

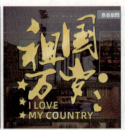

红色文化主题文创—欢度国庆节布置墙贴

三、辽宁红色六地虚拟VR文创对辽宁长城文创的启发

辽宁作为抗日战争起始地、解放战争转折地、新中国国歌素材地、抗美援朝出征地、共和国工业奠基地、雷锋精神发祥地，在党的百年历史中写下了浓墨重彩的一笔。

辽宁大力弘扬红色文化，开发红色资源，辽宁红色六地的代表性展馆，多已制作虚拟现实技术（VR）作品。虚拟现实技术又称虚拟实境或灵境技术，是20世纪发展起来的一项全新的实用技术。虚拟现实技术是以计算机技术为主，利用并综合三维图形技术、多媒体技术、仿真技术、显示技术、伺服技术等多种高科技的最新发展成果，借助计算机等设备产生一个逼真的三维视觉、触觉、嗅觉等多种感官体验的虚拟世界，从而使处于虚拟世界中的人产生一种身临其境的感觉。虚拟现实技术描述了一个由数字技术驱动，通过互联网连接，囊括了PC、智能手机、平板电脑等多种终端设备，集合了虚拟与现实的新世界。市场研究机构IDC披露的数据显示，2021年VR头显设备出货量首次突破1000万台。

随着VR等虚拟现实技术的发展，虚拟与现实融合的元宇宙成为热门话题。元宇宙是通过将虚拟现实技术、区块链技术、数字孪生技术等多种新兴技术整合而产生的新型互联网应用和社会形态。元宇宙并非指单纯的产品或技术，而是集成与融合包括AI（人工智能）、VR、云计算以及未来数字技术于一体的数字媒介，进而实现现实世界和虚拟世界连接。

根据IDC发布的《全球AR/VR头显市场季度跟踪报告（2021年第四季度）》，2021年全年，全球AR/VR头显出货量达1123万台，同比增长92.1%，其中VR头显出货量达1095万台，年出货量突破1000万台。中国工程院院士赵沁平在公开

活动中提到，2021 年全球虚拟现实行业融资并购金额 556 亿元，同比增长 128%；中国虚拟现实行业融资并购金额 181.9 亿元，同比增长近 800%。[1]

近年来，虚拟现实技术在市场的推动下快速发展。随着 5G 与 VR 在多个领域"成功牵手"，虚拟现实产业在加速普及和商用落地方面迎来发展新机遇。工信部日前印发《关于推动 5G 加快发展的通知》，要求进一步推广 5G、VR/AR（增强现实）等应用，促进新型信息消费。在 VR 设备的构造和成本上，5G 技术可通过超高容量的云端存储和高速、稳定的数据传输，将部分数据和计算任务交由云端完成，使 VR 终端更加小型化、轻量化以及无线化。硬件生产成本也将下降 70% 左右，实际使用与维护费用也相应降低。随着 5G 与 VR 进一步深入融合，VR 设备还有可能实现云端化，这将进一步推动 VR 终端的大规模普及和商用。[2]

辽宁红色六地虚拟 VR 文创在近年来也紧锣密鼓地搭建，形成了一定的规模，同时也在适应着受众的需求，不断地更新。与长城虚拟文创发展形成了相互借鉴的作用。从借鉴角度看，辽宁红色六地的虚拟 VR 技术，整体上表现以下三个特征。

（一）大力使用 VR 再现的形式　扩大文化的传播力

辽宁已有多个著名的红色文化遗址制作了 VR，如中共满洲省委旧址、抗美援朝纪念馆、辽沈战役纪念馆、抚顺雷锋纪念馆等。

这些纪念馆的 VR 作品，大部分实现了纪念馆全貌及大部分细节的展示，多元模块的呈现，互动性及选择性也较强。

这些纪念馆的 VR 作品将以前沿信息技术为依托，建成兼具线上线下体验、展播功能，打造成"人性化感官体验空间构建 + 平面识别系统搭建 + 沉浸式融入及体验式感受的构建 + 视觉识别区域内立体化视效打造 + 感官体验功能区"的过渡缓冲，

1. VR 游戏爆发前夜：如何让"虚拟"走向现实？（2022-05-28）. https://baijiahao.baidu.com/s?id=1734030836
191588713&wfr=spider&for=pc.
2. 在"5G+VR"中感受无限风光（people.com.cn）. http://gz.people.com.cn/n2/2020/0601/c194864-34055574.html.

通过氛围营造和场景搭建呈现以传播信息为主要目的的空间界面形式和时间穿梭的空间状态。在 VR 系统完成沉浸式体验、AR 系统完成线下交互式互动，将打破传统展馆存在的"距离感"。

这些 VR 作品一定程度上扩大了文化遗址的传播力。一些展馆 VR 几个月内观看人数破万。但大部分作品还处于展示阶段，互动性及产业链接性等还有待开发，仍然需要提高内容的传播力及影响力。

（二）VR/AR 对现实的多元呈现　提高受众的便捷度及认知度

VR/AR 虚拟现实技术最大的特征是对不易及的现实，甚至超现实的再现。例如展现珠穆朗玛峰顶端 VR 虚拟景观、展示宇宙飞船内部情境等。而 VR 与日常旅游结合亦是近年来的热点。让文物说话是纪念馆 VR 作品的基本展陈特点，数字技术融合实体文物，多维全息对文物场景呈现，使展陈文物的审美感觉更加立体化，更具开放性。文本生成的实时互动性，三维空间的多选择性，沉浸式的美感体验，交互性的期待满足，开启数字技术解读的历史，讲述文物背后的故事的全新手段。随着新媒体技术在红色文化中的应用，让静止的展馆对外的呈现，由单向传播向双向交互传播、由历时传播向共时传播演进。[1]

（三）VR 的交互性　提高受众的参与度

展馆 VR 减少了传者与受者之间的传播环节，通过技术手段建立现场直达受众的有效场域。当受众发现对虚拟现实判断需要借助专业传播的视角和工具，或者对虚拟现实有疑问，可随时进行反馈与沟通，受众与传播者都能在"真实"和"客观"的可视化表达体系中找到自己的基点，从而进行有效的互动。虚拟环境里以思维互动为基础，与现实环境构成新型关系，在某种程度上再构传播关系，重构信息

1. 方开燕. "VR+ 红色基因库"融合传播的应用 [J]. 新闻战线，2021.

反馈机制。

　　"VR 自然地理 + 人文信息"可使得受众通过物理感应器和声光电，架构起对所处的地理条件和人文信息的体验与感知，这对于当代受众理解红色基因的精神至关重要。

　　"VR 数字技术 + 还原历史"的动态叙事，使受众通过技术，感知时间流转下动态历史过程。历史在 VR 等虚拟现实技术帮助下，以一定的逻辑和组织结构进行集聚性、全景式呈现，让受众在视觉语言的多元化维度里理解和接受信息，全程参与叙述过程。[1]

中共满洲省委旧址VR [2]

辽沈战役纪念馆VR [3]

1. 方开燕. "VR+ 红色基因库" 融合传播的应用 [J]. 新闻战线，2021.
2. 中共满洲省委旧址. https://www.720yun.com/t/dccjuskmku4?scene_id=23424149.
3. 红色辽宁. 辽沈战役纪念馆. http://www.hongsedibiao.com/web/720view/db/jyb/index.html.

辽宁长城文创的实践与创新

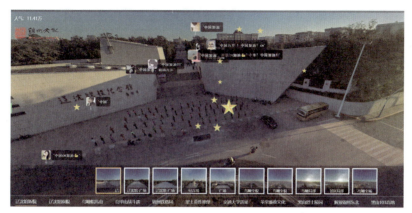

锦州市红色VR作品（从建党早期到解放战争时期红色地点）[1]

抚顺市雷锋纪念馆VR[2]

大连中华工学会旧址VR[3]

---

1. 红色锦州．锦州红色 VR．https://www.720yun.com/t/c75jOdwukf8?scene_id=10051872.
2. 抚顺市雷锋纪念馆．https://www.720yun.com/t/68vkOhfy0dm?scene_id=57612335.
3. 大连中华工学会旧址．https://www.720yun.com/t/bf5j5pywzv0?scene_id=11025668.

抗美援朝纪念馆VR[1]

1. 丹东抗美援朝纪念馆. https://kmyc.jb.mil.cn/pano?sceneId=scene_1.

第十章　辽宁长城文化精神传播及创新发展可行方式

一、仰赖中华优秀传统文化的精神资粮

我国当代所有的文创均深受中华优秀传统文化的滋养，辽宁长城文创也不例外。辽宁长城文创因具备历史性、民族性、交融性、时代性等特征，未来的发展，更将深深地仰赖中华优秀传统文化的精神资粮。

中华优秀传统文化自"轴心时代"至今，依然焕发着生机活力，从未中断，究其根源在于中华优秀传统文化强大的感召力、吸引力和影响力。中华优秀传统文化以其和合共生、天下大同的发展理念，求同存异、兼容并包的处事方法，振兴中华、民族复兴的爱国情怀，惠民利民、安民富民的人文精神等，在世界文明的历史进程中独树一帜，是中华民族的宝贵精神财富。[1]

推动中华优秀传统文化创造性转化、创新性发展，既要更好地传承文化基因，又要以社会主义核心价值观为引领，对中华优秀传统文化的内涵加以补充、拓展和完善，以达到更好建设中华民族现代文明、培育时代新人的目的。[2]

辽宁长城文创产业可通过开展现场考察、拍摄视频、艺术创作、交互体验、文创研发等系列活动，深入挖掘长城历史价值、文化价值、景观价值和精神内涵，推动长城精神与时代元素相结合，促进长城历史文化的活态传承，并借助各大新媒体平台，推动长城文化广泛传播，使之成为新时代弘扬民族精神、传承中华文明、宣传中国形象、彰显文化自信的亮丽名片。[3]

---

1. 让中华优秀传统文化焕发时代光彩—理论—中国共产党新闻网（people.com.cn）. http://theory.people.com.cn/n1/2022/0725/c40531-32484360.html.
2. 让中华优秀传统文化在继承中创新，在创新中发展—教育—人民网（people.com.cn）. http://edu.people.com.cn/n1/2022/1213/c1006-32586141.html.
3. 首届长城文化发展论坛在辽宁丹东举办.（2022-01-19）. [2023-4-1]. https://m.gmw.cn/baijia/2021-12/27/35409987.html.

二、融入红色文化的精神能量

红色文化是中华优秀当代文化，长城优秀文化是中华优秀传统文化，二者古今融合，是继承与发扬的关系。将二者之间的关联，通过长城文创的方式融合起来，将使得长城文化更加有时代感、民族感、正能量。

红色是中国共产党和中华人民共和国最鲜亮的底色。历经百年的生动实践和持续积淀，红色资源不断丰富，红色血脉代代相传，红色基因不断赓续，红色精神传承弘扬，在中华大地上逐步形成了具有明确范畴、特定内涵、独特功能、特有形态的红色文化。

中华优秀传统文化是中华民族在5000多年的发展历史中，积淀形成的具有民族特色和文化品格的核心思想理念、中华传统美德和中华人文精神的集合，是中华民族独特的精神标识和生生不息、发展壮大的丰厚滋养。在中华优秀传统文化中，红色一直被赋予权威、雅正、热烈、温暖、喜庆、吉祥、美好、成功、富贵、忠诚、希望、力量等积极的文化寓意。在中华民族发展过程中孕育的中华优秀传统文化，以稳定的文化浸润和厚重的文化情结，为近现代红色文化的发源奠定深厚的历史基础。[1]

红色文创设计是让革命事业薪火相传、血脉永续的重要载体，发展红色文创产品、让文创设计助力红色文化传承具有重要现实意义。

在文化产业蓬勃发展的今天，红色文化元素被赋予更多的内涵和较高的艺术价值。近年来，依托红色文化资源开发的文创产品，一方面在文化挖掘的深度上不断

---

1. 传承弘扬红色文化—理论—中国共产党新闻网（people.com.cn）．http://theory.people.com.cn/n1/2022/0829/c40531-32513993.html.

提升，更具感染力和收藏价值，另一方面也在潮流化和年轻化上下功夫，具有更好的市场价值和用户美誉度。[1] 红色文化的精神能量及文创实践，都将成为辽宁长城文创内涵及形式创新的精神能量。

三、关照时代的现实物质及精神需求

做好长城文化的创造性转化、开展创新服务，不仅能激活文物的生命力，也有助于满足人民群众日益增长的文化需求。国家文物局通过实施"互联网＋中华文明"行动计划，持续推出文创项目，推动新一代互联网技术发展成果与中华优秀传统文化传承发展相互融合，给文物赋予了新活力、插上了新翅膀，让文物"活"起来。

让文物"活"起来，要让文物融入人们可感、可知、可参与的日常生活之中。最好的保护是成为日常所需。让更多的文物走出库房、走上展线，大力推进文物资源的数字化，运用大数据、云计算、人工智能等先进技术，建设智慧博物馆，实现文物信息资源开放共享。不断优化传播内容、丰富传播渠道，加强观众与文物互动，使古老的文物在当代焕发新的活力。当博物馆"打卡"日益成为公众休闲娱乐的方式之一，"活"起来的不仅是文物，更有我们的优良传统、文化的历史记忆。[2]

辽宁正在建设的绥中长城博物馆，在设计建造理念上，一定程度上关照了人们的物质及精神需求。博物馆展览将由长城历史、长城营造、长城功能、一片石大战三维影像、长城故事、长城余晖、长城保护、九门口长城发掘现场景观复原等 12 个部分组成。整个展览将集中展示长城文化，集科技、历史、互动等旅游体验于一

1. 文创设计助力红色文化传承—文旅·体育—人民网（people.com.cn）. http://ent.people.com.cn/n1/2021/1107/c1012-32275609.html.
2. 让文物融入生活服务人民（people.com.cn）. http://sx.people.com.cn/n2/2021/1202/c189130-35031941.html.

体，是九门口长城景区品质提升建设的重要环节，将成为绥中县乃至辽宁省长城文化展示的重要窗口。[1]

四、以IP打通文创空间，不仅限于长城

知识产权（IP，Intellectual Property）是互联网时期的热点名词，做好 IP 也是互联网时期产品创新的基础动因。国家知识产权局在 2022 年推出"走好中国特色知识产权发展之路"一年回顾与展望系列视频，以推动知识产权保护与开发。提出 IP 是讲好中国故事，提升中国话语权的重要保障及动力。

"走好中国特色知识产权发展之路"一年回顾与展望系列视频

保护 IP 就是保护文创产业的生命空间，开发 IP 就是开发文创产业的生命能量。一个小 IP，可以带动多个文创领域，打通文创发展的空间。辽宁省文化和旅游厅厅长张克宇作为长城沿线省（市、区）代表提出，长城沿线各地积极依托本地长城遗

---

1. 绥中长城博物馆雏形初具，文物征集工作进行中. https://baijiahao.baidu.com/s?id=1739657851626247583&wfr=spider&for=pc.

迹遗存、文化文物资源，认真组织研究发掘梳理。各地区间既有分工又有合作，不断形成深化长城文化认识、升华中华民族精神的有分量、有价值的科研成果；长城沿线省（区、市）充分利用各自长城主题专网、专题和专栏，采取互动方式进行宣传。联手开展长城主题节庆活动，共同开展长城文化精品创作，联合举办非遗、红色资源巡展等活动；开展跨区域文化旅游合作，充分整合长城资源，形象诠释长城文化，赋予长城主题旅游体验以文化内核，形成资源共享、客源共享、优势互补、错位发展的良性互动局面。[1]

长城文创的发展要关注 IP 产业的发展，拓展长城文创与其他文创，甚至其他产业间联通的桥梁。让长城文创的发展空间大大拓展，不仅限于长城文化本身。

五、绽放艺术与生活融合的美

文创的生命在于将文化艺术与生活相融合。长城文创也不例外。在长城文创的发展中，要留心生活，融入生活，拓展长城文创的传播力及发展空间。

与生活连接的文化艺术，在当代深受欢迎。例如第十二届中国艺术节演艺及文创产品博览会，参展的文创产品共 5757 种，其中文博类 4797 种、非遗类 679 种、演艺衍生品 131 种、旅游类 150 种，33 个特装展区的文创产品销售金额（含订单）达 3400 多万元，让业内看到了文创产业的广阔前景，也让传统文化能够通过多种渠道走进千家万户。例如上海博物馆的文创产品在短短三天的博览会上销售额就达到了 7.7 万元，丝巾和董其昌十二本笔记本的销售尤其火热，这两款也是上海博物馆文创产品中的主要产品。

1. 首届长城文化发展论坛在辽宁丹东举办.（2022-01-19）[2023-4-1]. https://m.gmw.cn/baijia/ 2021-12/27/35409987.html.

文创在"食"的方面，可针对器物与食物进行多层面开发。上海博物馆参加展出的一款滤茶杯来自祝允明草书自书和孙克弘的花鸟图，把古代绘画融于现代时尚器皿中。祝允明的草书流畅富线条感，做成了滤茶杯的男款，而孙克弘的花鸟图典雅端丽，结合细长的杯形，便做成了女款。自用送人都十分妥帖，置于书桌之上，泡上香茗一杯，便是人间好时节。董其昌米糕也让人流连，这是董其昌大展带火了的"文创食物"，董其昌米糕分为绿豆糕和米糕两款，每块糕上书的图案均出自董其昌的钤印"玄赏斋"中的"玄赏"二字。米糕则更接近于钤印本身。文创食物使展览有视觉享受，更有味觉的深入人心，令人念念不忘。

又如在简单的住处，如果床头点亮一盏国家图书馆的敦煌书灯，就好像窥见了敦煌戈壁的落日余晖。文创产品博览会展出的灯的图案灵感取自北京法海寺壁画及佛教经典《心经》，书灯的立体拱形设计来源于莫高窟藏经洞。心灯的创意让文化滋养了日常生活。与此同时，展览会上近百个藏着牡丹香和古龙香的锦囊在博览会现场被一抢而空，印着董其昌青绿山水的真丝眼罩成为旅途上人们的必备产品。能够在长途飞行时戴着这样文人意趣的眼罩入睡，那么十几个小时飞跃大洋的旅途也不会觉得漫长无边。一款以水洗牛皮纸为材料的旅行收纳袋，有类似绒毛皮革手感，环保耐用，自身还具备降解能力，具有不怕水洗不怕撕扯的特性，袋上的波纹是海水江崖纹的传统纹样。无论去到世界何处，一路都有传统文化相伴。

辽宁长城文创要将文创产品、展馆及市场充分融通。"要建好玩的博物馆，不仅仅让人看，还要让人愿意来玩。"现在数字技术已经很先进，可以做很多内容，还有研学游等深度体验项目，让孩子拥有记忆一辈子的长城体验。着眼年轻群体的体验习惯，拉近长城与年轻人的距离，让青年汲取来自中华民族传统文化根脉的养分，让长城在当代年轻人的生活中活起来、火起来。[1]

辽宁长城文创在虚拟文创开发方面已经迈出了步伐。《筑梦长城·辽宁篇》专

1. 我省将建 6 个长城核心展示园和 3 座长城博物馆，专家建议——深挖文化内涵为长城展示做好学术支持 [N]. 辽宁日报，2022-1-19（011）.

题宣传片，影片重点展现虎山长城、九门口长城、兴城古城等长城重要点段，深入挖掘辽宁长城历史文化资源，突出辽宁长城文化和旅游资源的独特性、唯一性；同时，融入长城保护员叶德岐等人物故事作为主线，用影像产生情感共鸣，传递长城精神、长城文化。[1] 未来还可以更全面开发虚拟文创资源，与新媒体平台、文化代表等意见领袖合作，形成辽宁文创的文化传播力和引导力。

六、注重以长城文化为基础，加强对外交流展示

在漫长的历史岁月里，中华民族沉淀了浩如烟海的优秀传统文化资源，这些宝贵资源是中国文化软实力的重要展现，成为讲述中国故事，传播中国声音的敦厚基石。

文化创意产业不仅承载历史文化底蕴，也彰显现代国家和城市的魅力。数据显示，文化创意产业每年为世界创造 2.25 万亿美元收入，在全球范围内提供近 3000 万个就业机会。从动漫、音乐到媒体娱乐等，文化创意产业已成为世界许多地方的重要支柱性产业，为城市经济发展增添了活力。

联合国教科文组织与世界银行日前发布《城市、文化和创造力》行动框架，提供了法国昂古莱姆、韩国首尔、刚果（布）布拉柴维尔等城市在文化创意产业方面的发展经验，鼓励各国将文化创意产业融入城市恢复和发展计划，利用自身文化创造力，达到更好的经济社会效果。[2]

辽宁长城文创已经在探索对外交流的空间与方式。例如《东西对话》宣传片，

---

1. 首届长城文化发展论坛在辽宁丹东举办.（2022-01-19）[2023-4-1]. https://m.gmw.cn/baijia/2021-12/27/35409987.html.
2. 文创产业，增添城市发展新活力（国际视点）（people.com.cn）. http://hb.people.com.cn/n2/2021/0727/c194063-34838721.html.

跨时空展示东西端长城一脉相承的文化内涵和独特的长城文化魅力。首届长城文化发展论坛特别邀请辽宁省丹东市副市长和甘肃省嘉峪关市委常委、副市长作为代表来到现场，实现了万里长城东西两端跨越千年的首次牵手。[1]

当雄伟壮观的万里长城成为人们手边生活美学的文创产品，人们越来越意识到，古老的长城是流淌着中华传统文化的"超级IP"。长城文化是讲好中国故事，传播好中国声音的重要纽带。长城文创作为长城文化的重要使者，作为中华优秀传统文化的重要使者，将在讲好中国故事中发出铿锵有力的声音。

---

1. 首届长城文化发展论坛在辽宁丹东举办.（2022-01-19）[2023-4-1]. https://m.gmw.cn/baijia/2021-12/27/35409987.html

后记

Postscript

　　在本书即将搁笔之际，坦诚地说，笔者和读者一样，在写作过程中感知长城文化多样性，抑或说，我们在不同的时空下，阅读同一本书，通过徜徉在长城文创的图文中，感知体味属于我们各自的长城文化。

　　也许是"秦时明月汉时关，万里长征人未还"的惆怅；也许是"但使龙城飞将在，不教胡马度阴山"的感叹；也许是"望长城内外，惟余莽莽""不到长城非好汉，屈指行程二万"的豪迈；也许是"塞上长城空自许，镜中衰鬓已先斑。出师一表真名世，千载谁堪伯仲间"的忧思……

　　而当将这一切融入我们的生活，犹如瞬间踏入时空穿越之门。当时尚与传统相遇；当创意与历史融合；当边塞与生活相接；当壮观与精美交织……长城文化与创意的味道让我们应接不暇，回味无穷。

　　但回味的是长城文化在我们各自内心的演绎。文化本源自于我们内心"不生不灭"的性体，"一切有为法，如梦幻泡影"，长城文创体验者将在如梦如幻、有形与虚拟，心理与物理空间里，感知不生不灭的自性本体。这也许就是长城文化的魅力所在。也是其包容性、多元性的体现。

　　全书十章，笔者设计全部章节框架，并书写了其中的七章；另外第三至第五章，由笔者研究生汪睿琦协助完成。汪睿琦在资料收集中发现有些资料太少，笔者建议其加上视野拓展，笔者设计时，已有意在此，想使其从年轻人的视角，为读者展开当代时尚的文创世界，这是笔者视野所不能及的。

非常感谢辽宁省文旅厅及锦州市文旅局的大力支持，并给笔者这次难得的机会，可将这些零散的资料形成一本著作。十分感谢辽宁省文旅厅的领导一直以来关心，并督促书稿的书写内容及方向进度；尤其感谢相关工作的直接负责人赵靓，他是文化、建筑、展馆等领域行家里手，他用自己丰富的经验为书稿的创作提出了无数宝贵的建议，并在百忙之中坐火车往返于沈阳、锦州、葫芦岛等长城文化遗址、展示馆考察，拨冗指点本书稿的创作，在此对其表示诚挚的谢意。

特别感谢辽宁人民出版社的支持，尤其感谢辛勤的李翘楚编辑，她不但承担着本书大量的图文编辑工作，同时也为本书部分内容更好地呈现提供了宝贵建议。感恩你们的支持与帮助，使得本书得以有机会与读者见面。

最后说明，辽宁文化创意产业虽在此书中人为地展开，但实则是辽宁长城文化自己在说话。其本如此，笔者无为。

王莹于辽西古长城脚下海滨小屋中

癸卯年六月二十六日